Katrin Unterreiner

Die Habsburger

Porträt einer europäischen Dynastie

Pichler

FRANCISCVS IOSEPHVS I
PERFECIT A D MDCCCXCIII

EINE FAMILIE EROBERT DIE WELT

Die Habsburger, die über 640 Jahre lang als römisch-deutsche Könige, als Kaiser des Heiligen Römischen Reiches und ab 1804 als Kaiser von Österreich bis zum Ende der Monarchie im Jahre 1918 regierten, gehören nicht nur zu den bedeutendsten Dynastien Europas, sondern dominierten über Jahrhunderte den Gang der Weltgeschichte. Nach dem Motto „Tu felix Austria nube!“ – „Du glückliches Österreich heirate!“ gelang es ihnen vor allem durch geschickte Heiratspolitik ein Weltreich zu schaffen, das von den Königreichen Ungarn und Böhmen über Österreich bis nach Spanien und über den Ozean zu den spanischen Kolonien in Südamerika reichte und „in dem die Sonne nie unterging.“ Nicht nur in Europa, sondern weltweit spielten Habsburger politisch bedeutsame Rollen. Von Maria Theresias Tochter Marie Antoinette, die als französische Königin hingerichtet wurde, über ihre Schwester Maria Karolina von Neapel-Sizilien, die mutig gegen Napoleon kämpfte, von Erzherzogin Marie Louise, die als zweite Gemahlin Napoleons seinen Erben zur Welt brachte, bis zu ihrer Schwester Maria Leopoldina, die als Kaiserin von Brasilien bis heute als Landesmutter verehrt wird. Am Zenit ihrer Macht stand die Dynastie vom Beginn des 16. bis zum Ende des 17. Jahrhunderts, als die Habsburger als spanische Könige regierten und schließlich durch Karl V. in zwei Linien – die spanische und österreichische – geteilt wurden. Die spanischen Habsburger eroberten zu den bestehenden Kolonien in Südamerika nicht nur Peru, Mexiko und Florida, sondern auch die nach Philipp II. benannten Philippinen und bauten damit das weltumspannende Imperium der Dynastie aus.

Die Habsburger prägten aber nicht nur die Geschichte, sondern auch die europäische Kultur. Als Mäzene und begeisterte Sammler förderten sie Kunst und Wissenschaft, ihre Residenzstadt Wien wurde zu einer der führenden Metropolen Europas. Als katholische Kaiser fungierten sie in der Zeit der Glaubenskriege und danach als Hauptvertreter der Gegenreformation, die auch in prunkvollen Prachtbauten ihren Ausdruck fand. Die Habsburger sind bis heute nicht nur im Stadtbild Wiens omipräsent – man denke an die Repräsentationsbauten, die ihre Wappen und Insignien tragen –, sondern durch viele Institutionen, die bis heute weltweit bekannt sind und die österreichische Tradition prägen. Von Maximilian I., auf den die Wiener Sängerknaben zurückgehen, über Karl VI., der die Spanische Hofreitschule gründete, bis zu Kaiser Franz Joseph, der die Kultur der großen Bälle pflegte und bis heute unsterblich gemacht hat. Mit dem Ende der Monarchie im Jahre 1918 endete die Herrschaft der Habsburger, viele Traditionen, die auf sie zurückgehen, leben jedoch bis heute fort. Der „habsburgische Mythos“ ist lebendiger denn je ...

Oben: Das habsburgische Wappenschild aus der Zeit Kaiser Karls VI. zeigt den Doppeladler als Symbol des Heiligen Römischen Reiches mit den Wappen des Hauses Österreich sowie Kastiliens, da Spanien damals noch zum Weltreich der Habsburger gehörte. Bekrönt wird das Wappenschild von der Krone des Heiligen Römischen Reiches.
Linke Seite: Die Hofburg war vom Beginn ihrer Herrschaft in Österreich im 13. Jahrhundert bis zum Ende der Monarchie im Jahre 1918 die Hauptresidenz der Habsburger und machte Wien damit über 640 Jahre lang zum Zentrum der europäischen Politik und Geschichte.

Das Wappenschild der österreich-ungarischen Doppelmonarchie.

INSEPARABILITER
H. G. Ströhl

Rudolphus Rom: Rex
Wernher Bischof zu Mainz
Hainrich Bisch. off zu Trier.
Seyfrid Bisch. off zu Cölln.
Ludwig Pfaltz graf Churfürst
Albrecht herzog zu Sachss: Churf:
zu Brand: Churf:

RUDOLF I.
DER AHNHERR

Die Wurzeln der Habsburger liegen im Kanton Aargau in der heutigen Schweiz, wo sich bis heute die Ruinen der „Habichtsburg“ befinden. Von Beginn an bewiesen die Habsburger großes Geschick in der Vermehrung ihrer Ländereien und damit ihrer Machtposition. Ausgehend vom kleinen Aargauer Besitz vergrößerte sich ihr Besitz kontinuierlich in Richtung Süddeutschland bis ins Elsass. Entscheidend war jedoch 1273 die Wahl des Grafen Rudolf von Habsburg zum römisch-deutschen König, die den rasanten Aufstieg der Familie zu einer der führenden Dynastien Europas einleiten sollte. Doch das war zu Beginn noch alles andere als klar. Das Aussterben der Staufer im Jahr 1254, die nach den Ottonen und Saliern über ein Jahrhundert die Königs- bzw. Kaiserwürde innehatten, hatte zu jahrzehntelangen Streitigkeiten über die Nachfolge geführt und Könige und Gegenkönige hatten sich in kurzen Abständen abgewechselt. Die Kurfürsten, die den König wählten, hatten sich zwar auf Rudolf geeinigt und damit das Interregnum beendet, da er jedoch einem verhältnismäßig kleinen Grafengeschlecht abstammte, hatte er von Beginn an mächtige Gegner – vor allem in der Person Ottokars II. Przemysl, des mächtigen Königs von Böhmen. Dieser hatte sich nach dem Aussterben der Babenberger die österreichischen Länder angeeignet, was Rudolf nicht akzeptierte und so musste die Entscheidung auf dem Schlachtfeld fallen. Rudolf besiegte Ottokar 1278 in der Schlacht auf dem Marchfeld bei Dürnkrut und Jedenspeigen und belehnte mit Zustimmung der Kurfürsten 1282 seine eigenen Söhne Albrecht und Rudolf mit den österreichischen Erblanden und begründete damit die Herrschaft der Habsburger in Österreich, die bis zum Ende der Monarchie im Jahre 1918 dauern sollte. Wien wurde zur Residenzstadt, wenn auch Rudolf selbst selten in Wien weilte. Nach Rudolfs Tod im Jahre 1291 wurde zwar sein Sohn Albrecht zu seinem Nachfolger gewählt, doch da die Wahl nicht einstimmig war und es damals noch kein Mehrheitswahlrecht gab, musste die Entscheidung wieder auf dem Schlachtfeld ausgetragen werden. Albrecht konnte seinen Kontrahenten Adolf von Nassau zwar besiegen und bis zu seiner Ermordung – durch seinen eigenen Neffen Johann „Parricida“ – regieren, doch sein Sohn und Nachfolger Friedrich „der Schöne“ hatte weniger Glück und unterlag nach der erneuten Doppelwahl seinem Gegner Ludwig von Bayern. Damit ging die Königswürde für die Habsburger zunächst für lange Zeit verloren.

Oben: Das Grabmal König Rudolf I. von Habsburg im Dom zu Speyer.
Linke Seite: Die Krönung Rudolf I. zum römisch-deutschen König fand am 24. Oktober 1273 im Aachener Münster statt.

König Rudolf I. belehnt seine Söhne Albrecht und Rudolf II. im Jahre 1282 auf dem Reichstag zu Augsburg mit den Herzogtümern Österreich, Steiermark, Kärnten und Krain sowie der Windischen Mark.

Rechts oben: Die „Habichtsburg", auch „Habspurg" genannt, im Kanton Aargau in der Schweiz. Die Habsburger verloren zwar bereits infolge der 1291 gebildeten Schweizer Eidgenossenschaft im Laufe des 14. Jahrhundert ihre Besitzungen in der Schweiz, hatten damals jedoch ihr Herrschaftszentrum bereits in den Osten – nach Wien – verlegt.
Rechts Mitte: Die Alte Burg geht auf den böhmischen König Ottokar II. Przemysl zurück. Die damals viertürmige Burg bildet den heute Schweizertrakt genannten historischen Kern der Wiener Hofburg. Nachdem Rudolf I. von Habsburg Ottokar besiegt hatte, zogen die Habsburger in seine Wiener Residenz ein.
Rechts unten: Rudolf von Habsburg besiegte 1278 König Ottokar von Böhmen in der Schlacht von Dürnkrut und übernahm die Herrschaft über die Österreichischen Länder. Gemälde von Carl von Blaas, um 1868.

Rudolfus · Archidux · Austrie · etc

RUDOLF IV.
FÄLSCHER UND GRÜNDER

Albrechts Enkel Herzog Rudolf IV. (1339–1365) war der erste Habsburgerherzog, der im Land geboren und aufgewachsen war, was nicht nur entscheidend zu seiner Popularität beitrug, sondern vor allem Wien als seine Geburts- und Residenzstadt entscheidend prägte. Herzog Rudolf IV. regierte zwar nur sieben Jahre, diese waren jedoch von besonders ehrgeizigen Vorhaben geprägt. So gründete er 1365 die Wiener Universität, die damit die älteste deutschsprachige Universität ist, begann den Neubau des gotischen Stephansdoms und konnte die österreichischen Besitzungen weiter vermehren, indem 1363 durch einen Erbvertrag auch Tirol an Österreich fiel. Sein wichtigstes Ziel war jedoch die Erhöhung des Ansehens und Prestiges Österreichs bzw. des Hauses Habsburg. Dafür griff er auch zu unorthodoxen Maßnahmen und „fälschte" mit dem „Privilegium maius" eines der wichtigsten Dokumente der österreichischen Geschichte. Grund dafür war die Zurücksetzung der Habsburger im Reich, da sie 1356 in der Goldenen Bulle, in der der böhmische König und Kaiser Karl IV. die sieben Kurfürsten bestimmt hatte, die das Recht hatten den Kaiser des Heiligen Römischen Reiches zu wählen, nicht berücksichtigt worden waren. Um diesen Machtverlust zu kompensieren, ließ Rudolf 1358/59 in seiner Kanzlei dieses so genannte „Privilegium maius" ausstellen, das ihm vergleichbare Vorrechte zusichern sollte. Dazu zählte auch der Titel eines Erzherzogs, der den einfachen Herzogstitel der Habsburger aufwerten und ihn über alle anderen Herzöge stellen sollte, sowie das Recht eine kronenähnlichen Insignie zu tragen – den so genannten „Erzherzogshut". Obwohl die kaiserliche Kanzlei in Prag die Fälschung sofort erkannte, tolerierte Karl IV., der durch die Hochzeit Rudolfs mit seiner Tochter Katharina auch sein Schwiegervater war, das Führen des Titels Erzherzog, bestätigte ihn jedoch niemals, weshalb er zunächst unrechtmäßig blieb. Doch Rudolf verfolgte nicht nur ehrgeizige Pläne im Reich, sondern auch im Land und verordnete eine Reihe wirtschaftlicher und sozialer Maßnahmen, die er mit der von ihm eingeführten Getränkesteuer finanzierte. Da Rudolf bereits mit 26 Jahren kinderlos in Mailand starb, folgte ihm sein Bruder Albrecht mit dem Zopf nach, und dessen Enkel Albrecht V. konnte sogar für kurze Zeit die Königswürde erlangen (1438/39). Doch erst zwei Generationen später sollten die Habsburger zu einer Dynastie aufsteigen, deren Macht sich über Europa hinaus bis in die Neue Welt erstreckte.

Oben: Unter Rudolf IV. wurde der gotische Neubau des Wahrzeichens der Stadt Wien, des Stephansdoms, begonnen. Rudolfs Beiname „der Stifter" stammt von einer in Rudolfs eigener Geheimschrift am Bau eingemeißelten Inschrift, die ihn als Kirchenstifter ausweist.
Linke Seite: Das Bildnis Rudolf des Stifters ist das älteste gemalte Porträt des Abendlandes und das wertvollste Exponat im Wiener Dommuseum.

DAS ERZHERZOGTUM ÖSTERREICH

Indem König Rudolf I. seine Söhne Albrecht und Rudolf mit den Herzogtümern Österreich und Steiermark belehnte, legte er den Grundstein für die Herrschaft der Habsburger in Österreich. Zu Beginn bestanden die habsburgischen Besitzungen in den Herzogtümern Österreich – das ungefähr dem heutigen Ober- und Niederösterreich entsprach – sowie dem Herzogtum Steiermark. 1135 konnten die Habsburger die Herzogtümer Kärnten und Krain und 1363 die Grafschaft Tirol erwerben. Diese Besitzungen, die ungefähr dem heutigen Österreich ohne Salzburg entsprachen, wurden die „österreichischen Erblande" genannt, der Regierungsantritt des jeweiligen Herrschers erfolgte im Rahmen einer Zeremonie, die man „Erbhuldigung" nannte. 1365 machte Rudolf IV. das Herzogtum Österreich durch die Fälschung des *Privilegium maius* zu einem Erzherzogtum, indem er den frei erfundenen Titel „Erzherzog" beanspruchte, der eine Aufwertung des einfachen Herzogtitels darstellen und ihm den Vorrang vor alle anderen Fürsten des Reiches gewährleisten sollte. Die Bestätigung erfolgte allerdings erst knapp hundert Jahre danach, als mit Friedrich III. erstmals ein Habsburger zum Kaiser des Heiligen Römischen Reiches gewählt wurde und dieser die Urkundenfälschung seines Vorgängers gleichsam in eigener Sache anerkannte.

Der ursprüngliche Erzherzogshut des 14. Jahrhunderts existiert heute nicht mehr. Erhalten blieb die von Erzherzog Maximilian III. gestiftete Krone, die 1616 als Weihegeschenk dem Stift Klosterneuburg übergeben wurde, wo sie sich bis heute befindet. Der Erzherzogshut wurde bis zur Ausrufung des Österreichischen Kaiserreiches im Jahre 1804 von allen österreichischen Regenten bei der Zeremonie der Erbhuldigung, also des Herrschaftsantrittes in den österreichischen Ländern, verwendet.

Oben: Die Erbhuldigung Kaiser Josephs I. im September 1705 in der Ritterstube der Wiener Hofburg.
Unten links: Das „Privilegium maius" sah neben dem Erzherzogstitel u. a. die Unteilbarkeit der habsburgischen Länder und das Primogeniturrecht vor.
Unten rechts: Das „Privilegium maius". Titelseite des für Kaiser Maximilian I. im Jahre 1512 angefertigten Exemplars.

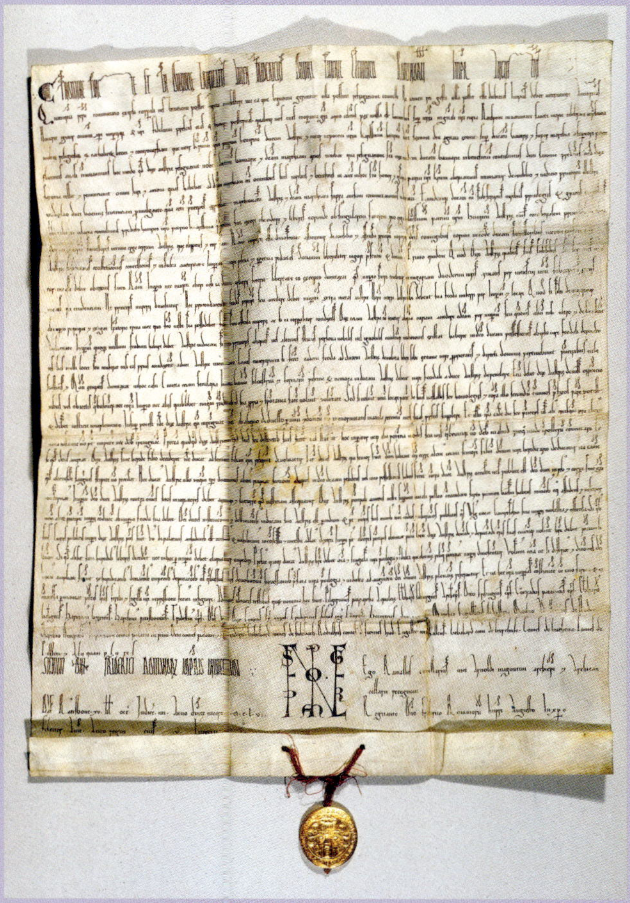

FRIEDRICH III.
AUSTRIA ERIT IN ORBE ULTIMA

Als Friedrich (1415–1493) im Jahre 1440 von den Kurfürsten zum römisch-deutschen König gewählt und schließlich 1452 zum Kaiser gekrönt wurde, begann für das Haus Habsburg eine neue Ära. Von nun an sollte die Kaiserwürde abgesehen von einer kurzen Ausnahme im 18. Jahrhundert bis zum Ende des Heiligen Römischen Reiches im Jahre 1806 in der Familie verbleiben. Friedrich schaffte es allerdings als einziger Habsburger vom Papst in Rom gekrönt zu werden. Er begründete auch eine für die Habsburger entscheidende Tradition, wonach der künftige Kaiser – zumeist der älteste Sohn – nicht erst nach dem Tod, sondern bereits zu Lebzeiten des regierenden Kaisers von den Kurfürsten gewählt wurde. Friedrichs Regierungszeit war mit 53 Jahren zwar ungewöhnlich lange, aber nicht besonders erfolgreich. Sie war die meiste Zeit von Konflikten geprägt, die Friedrich nur dadurch für sich entscheiden konnte, indem er das Glück hatte, seine kinderlosen Kontrahenten zu überleben: zunächst seinen Bruder Albrecht VI., der den schwachen Kaiser bekämpfte, später den ungarischen König Matthias „Corvinus“ Hunyádi, der auch die böhmisch Krone erlangte und den ehrgeizigen Plan verfolgte, die beiden Königreiche mit Österreich zu vereinen. Es gelang Matthias sogar, einige österreichische Städte – u. a. Wien – für sich zu gewinnen, Corvinus starb jedoch 1490 ohne Nachkommen, womit Friedrich die Gebiete wieder zurückerobern konnte. Weitaus mehr als an Politik scheint Friedrich an Astronomie und Astrologie interessiert gewesen zu sein. An der Linzer Burg, in der er ab 1489 residierte, ließ er Sternwarten bauen, beschäftigte sich mit Mathematik, Mineralogie, Magie und Mystik, pflegte Kontakte zu Alchemisten und interessierte sich für die Herstellung von allerlei Wundermitteln und Heiltränken.

Seine Devise „AEIOU“, mit der er nicht nur persönliche Gegenstände, sondern auch Schriftstücke und für ihn bedeutende Bauwerke versah, ist bis heute geheimnisvoll. Die Bedeutung ist bislang nicht geklärt, die bekanntesten Interpretationen lauten „Austria erit in orbit ultima“ (Österreich wird bestehen bis zum Ende der Welt) sowie „Alles Erdreich ist Österreich untertan“. Neueste Forschungen gehen jedoch davon aus, dass sich hinter dieser rätselhaften Devise eine magische Formel verbirgt, da sich Kaiser Friedrich intensiv mit Magie und Mystik beschäftigte.

Als Kaiser Friedrich 1493 im Alter von 78 Jahren in Linz verstarb, hatte er aber eine politisch wegweisende Verbindung erreicht – nämlich die Vermählung seines Sohnes Maximilian mit Maria von Burgund, die den Beginn des Aufstiegs der Habsburger zu einer führenden Dynastie bedeutete.

Oben: Friedrichs rätselhaftes Zeichen „AEIOU“ in seiner Handregistratur aus dem Jahre 1446 mit dem Österreichischen Bindenschild in der Mitte sowie dem Wappen Niederösterreichs (links) und Oberösterreichs (rechts).
Linke Seite: Friedrich III. war der erste Habsburger, der 1452 zum Kaiser gekrönt wurde. Gemälde von Hans Burgkmair dem Älteren, Kunsthistorisches Museum, Wien.

DAS HEILIGE RÖMISCHE REICH

Das Heilige Römische Reich wurde am Weihnachtsabend des Jahres 800 gegründet, als in Aachen der fränkische König Karl der Große von Papst Leo III. zum Kaiser gekrönt wurde. Das Heilige Römische Reich – der Beiname „deutscher Nation" wurde erst in der Barockzeit gebräuchlich – wurde von Karl als übernationales Reich gegründet, sein Name leitet sich vom Anspruch der mittelalterlichen Herrscher ab, die Tradition des antiken Römischen Reiches fortzusetzen und die Herrschaft als Gottes Heiligen Willen zu legitimieren.

Das Heilige Römische Reich war ein Wahlkönigtum, der König wurde von sieben in der so genannten „Goldenen Bulle" festgelegten Kurfürsten – drei geistlichen, den Erzbischöfen von Mainz, Köln und Trier, sowie vier weltlichen, dem König von Böhmen, dem Markgrafen von Brandenburg, dem Pfalzgrafen bei Rhein und dem Herzog von Sachsen – zum römisch-deutschen König gewählt und anschließend vom Papst zum Kaiser gekrönt. Nur ein einziger Habsburger – Friedrich III. – wurde der Tradition entsprechend vom Papst in Rom gekrönt. Sein Nachfolger Maximilian musste, da die Venezianer die Reise nach Rom unmöglich machten, bereits nach Trient, Karl V. nach Bologna ausweichen und ab dem 17. Jahrhundert fanden die Kaiserkrönungen schließlich alle in Frankfurt statt. Obwohl das Heilige Römische Reich ein Wahlkaisertum war, einigten sich die Kurfürsten ab Friedrich III. stets auf einen Habsburger – mit einer Ausnahme: Als die Habsburger mit Karl VI. 1740 im Mannesstamm ausstarben, wurde seine Tochter Maria Theresia zwar Nachfolgerin in den österreichischen Erblanden, Ungarn und Böhmen, konnte als Frau jedoch nicht zum Kaiser des Heiligen Römischen Reiches gewählt werden und die Kurfürsten entschieden sich daher für einen Wittelsbacher. Als dieser jedoch kurz darauf verstarb, hatten die Habsburger ihre Macht wieder so weit gefestigt, dass Maria Theresias Gemahl Franz Stephan von Lothringen gewählt wurde und die Kaiserwürde nach einem dreijährigen Intermezzo wieder an die Habsburger gelangte. Das Heilige Römische Reich bestand bis zum Jahre 1806, in dem es von Kaiser Franz II. unter dem Druck der Machtansprüche Napoleons sowie der Gründung des Rheinbundes aufgelöst wurde.

Oben: Der Krönungsmantel aus dem Jahre 1133/34 wurde bis zur Auflösung des Heiligen Römischen Reiches bei den Krönungen getragen.
Rechts: Die Heilige Lanze, die lange Zeit als vornehmste Reichsreliquie galt, war Herrschafts-zeichen und Reliquie in einem, da in ihr Blatt ein Nagel eingelassen ist, der der Überlieferung nach vom Kreuze Christi stammt.

Oben: Der imperiale Krönungswagen wurde vermutlich um 1735/40 für Kaiser Karl VI. gebaut. Der von acht Schimmeln gezogene Krönungswagen repräsentierte die Macht der Dynastie Habsburg und wurde nur bei höchstrangigen Ereignissen wie Krönungszeremonien verwendet.
Linke Seite oben: Die Reichskrone aus der zweiten Hälfte des 10. Jahrhunderts überragte durch ihre vielschichtige Symbolik alle anderen Kronen. Ihre achteckige Form verweist auf das himmlische Jerusalem; die Emaildarstellungen auf den Platten sowie ihre Inschriften enthalten programmatische Aussagen zur Herrschaft sowie zu Tugenden des Kaisers. Das Stirnkreuz steht für die Bedeutung des christlichen Glaubens und verweist auf das im Gottesgnadentum legitimierte Selbstverständnis der mittelalterlichen Herrscher.

Der Reichsapfel galt als Symbol der Weltherrschaft. Durch die Hinzufügung des Kreuzes in frühchristlicher Zeit erfuhr der Reichsapfel eine Umdeutung in christlichem Sinne und stand somit für die Herrschaft Christi über die damals bekannte Welt.

Auch das Reichskreuz aus dem Jahre 1024/1025 hatte eine mehrfache Funktion und war nicht nur Herrschaftssymbol, sondern auch Reliquienträger, da in seinem Inneren ein Span vom Kreuz Christi oder auch die Heilige Lanze verwahrt werden konnte.

MAXIMILIAN I.
TU FELIX AUSTRIA NUBE

Nach dem Tod seines Vaters Friedrich III. trat Maximilian (1459–1519) 1493 die Herrschaft in den Erblanden sowie als römisch-deutscher König an. Da ihm die feindlich gesinnten Venezianer die Reise zur Kaiserkrönung in Rom unmöglich machten, nahm er 1508 den Titel „Erwählter Römischer Kaiser“ an, den von nun an alle Kaiser der Heiligen Römischen Reiches tragen sollten. Maximilian „der letzte Ritter“ erreichte durch ebenso kluge wie glückliche Heiratspolitik den Aufstieg Österreichs zur Großmacht. Die Strategie, durch politisch günstige Hochzeiten nicht nur das eigene Herrschaftsgebiet zu vergrößern, sondern damit verbunden auch politische Macht und Reichtum zu vermehren, sollte zum Markenzeichen der Habsburger werden: „Bella gerant alii – tu felix Austria nube!“ – „Mögen andre Länder Kriege führen – Du glückliches Österreich heirate!“ Maximilian selbst ehelichte mit Maria von Burgund 1477 die damals reichste Erbin Europas. Denn Maria war nicht nur die Erbin des Herzogtum Burgunds, sondern auch der Niederlande, womit zwei wirtschaftlich und kulturell blühende Länder an die Habsburger fielen. Viele Traditionen, die als typisch habsburgisch oder wienerisch galten und bis heute gelten, gehen auf dieses burgundische Erbe zurück – u. a. auch das später „spanisch“ genannte Hofzeremoniell sowie die Gründung der Hofmusikkapelle mit ihrer bis heute existierenden Tradition der Wiener Sängerknaben. Seinen Sohn Philipp den Schönen verheiratete Maximilian mit der Erbin der spanischen Krone, Johanna der Wahnsinnigen, womit die Habsburger auch das Königreich Spanien mit den neu entdeckten Gebieten in Übersee erbten. Diese Politik wurde auch in der nächsten Generation konsequent fortgeführt. 1515 sicherte Maximilian durch die Doppelhochzeit seiner Enkel Ferdinand und Anna mit den Thronerben König Wladislaw Jagiellos von Böhmen und Ungarn die Option, auch diese beiden mächtigen Königreiche in Besitz zu nehmen. Die Habsburger hatten auch diesmal „Glück“, denn es war der ungarische König Ludwig II., der 1526 in der Schlacht bei Mohács ums Leben kam, womit die beiden Königreiche tatsächlich an die Habsburger fielen. So gelang es Maximilian I. innerhalb von zwei Generationen die Voraussetzungen für ein habsburgisches Weltreich zu schaffen.

Oben: Nachdem der Herzog von Burgund Karl der Kühne im Jänner 1477 verstorben war, eilte Maximilian nach Brüssel und warb um die Erbin des wohlhabenden Landes. Die Hochzeit mit Maria von Burgund fand im August 1477 statt und sicherte den Habsburgern das reiche Erbe. Maria verstarb bereits 1482 nach einem Sturz vom Pferd an einer Fehlgeburt.
Linke Seite: Auf Grund seiner Vorliebe für Turniere erhielt Maximilian den Beinamen „der letzte Ritter“. Porträt von Bernhard Strigel, um 1500.

Die Doppelhochzeit der Enkel des Kaisers, Ferdinand und Anna, mit den Kindern des ungarischen Königs, Anna und Ludwig, am 22. Juli 1515 im Wiener Stephansdom legte den Grundstein für das Erbe der Königreiche Böhmen und Ungarn.

Die ungarische Stephanskrone befindet sich heute im ungarischen Parlament in Budapest.

Die böhmische Wenzelskrone wird im Prager Veitsdom aufbewahrt.

Das Gemälde Kaiser Maximilians mit seiner Familie von Bernhard Strigel veranschaulicht den Aufstieg der Habsburger zu einer der führenden Dynastien Europas. Links ist Kaiser Maximilian zu sehen, rechts außen seine Gemahlin Maria von Burgund, neben ihr der gemeinsame Sohn Philipp der Schöne, der mit der spanischen Erbin Johanna der Wahnsinnigen verheiratet war. Darunter sind Philips Söhne Ferdinand, in der Mitte Karl und rechts außen sein Schwiegersohn und Thronerbe Ungarns und Böhmens Ludwig Jagiello dargestellt. Als Ludwig 1526 in der Schlacht fiel, erbten die Habsburger auch die Königreiche Ungarn und Böhmen.

Oben: Noch zu Lebzeiten gab Maximilian 40 überlebensgroße Bronzefiguren für sein Grabmal in Auftrag, die Mitglieder seiner Familie, Vorfahren sowie historische Persönlichkeiten, die als Symbole des christlichen Glaubens galten, darstellen sollten. Erst auf dem Totenbett bestimmte er die St.-Georgs-Kapelle in der Wiener Neustädter Burg als Grabstätte, da sich die Figuren jedoch als zu schwer für die Kapelle herausstellten, wurde Maximilian zwar dort begraben, die schließlich 28 gegossenen Figuren gruppierte man jedoch in der Innsbrucker Hofkirche um den leeren Kenotaph. Das eindrucksvolle Grabmal erhielt schließlich den umgangssprachlichen Namen „Schwarzmander" (schwarze Männer).
Rechts: Reduktion der Figur vom Hochgrab Kaiser Maximilians in der Hofkirche zu Innsbruck.

DER ORDEN VOM GOLDENEN VLIES

Der vornehmste Orden des Reiches geht auf den burgundischen Herzog Philipp den Guten zurück, der ihn 1430 als ritterliche Bruderschaft und Freundschaftsbund der vornehmsten Edelleute des Landes gründete. Ziel sollte es sein, die Ehre Gottes und die Verteidigung des christlichen Glaubens zu fördern – Hauptbeweggrund Philipps war es jedoch die Vornehmsten seines Reiches als Ordensritter an sich und sein Haus zu binden, waren die Mitglieder doch zur absoluten Treue gegenüber dem Ordenssouverän verpflichtet. Für die „Edelleute von Namen und Wappen" war die Mitgliedschaft wiederum eine Auszeichnung, war man doch dadurch in den elitären Kreis des Herzogs aufgenommen. Der Reichtum und das Ansehen der burgundischen Herzöge führten dazu, dass der Orden vom Goldenen Vlies den höchsten Rang unter den christlichen Orden einnahm und auch unter den Habsburgern als Kaiser des Heiligen Römischen Reiches seine Bedeutung behalten sollte. Seinen Namen verdankt der Orden ursprünglich Philipps Vorliebe für die griechische Mythologie, er geht auf die Argonautensage rund um Jason, der das Goldene Vlies, das Fell des goldenen Widders Chrysomeles, aus Kolchis raubte, zurück. Mit der Zeit wurde der antike Mythos jedoch bewusst von der biblischen Wundererzählung um Gideon und dem Goldenen Vlies überlagert, da man den christlichen Charakter des Ordens hervorheben wollte. Mit der Heirat Maximilians I. mit Maria von Burgund wurden die Habsburger die Ordenssouveräne und blieben es bis zum heutigen Tag. Die ursprüngliche Mitgliederanzahl von 24 wurde schließlich auf 70 erhöht, aktuell hat der Orden 51 Mitglieder.

Die Ordenscollane, die vom jeweiligen Kaiser als Ordenssouverän getragen wurde, wird von den symbolischen Elementen Feuerstein und Feuereisen gebildet, in deren Mitte das Widderfell – das Goldene Vlies – hängt. Feuerstein und Feuereisen sowie das daraus resultierende Feuer waren seit Philipp dem Guten die Herrschaftszeichen des Herzogtums Burgund und sind seit der Gründung des Ordens zusammen mit dem Fell des goldenen Widders auch die Ordenssymbole.

KARL V.
DAS REICH, IN DEM DIE SONNE NIE UNTERGEHT

Maximilians Enkel und Nachfolger Karl V. (1500–1558) war nach dem frühen Tod seines Vaters Philipp des Schönen als sein Nachfolger in den burgundischen Besitzungen in Brüssel aufgewachsen. Bereits 1516 übersiedelte er jedoch nach Spanien, wo er die Herrschaft seines spanischen Großvaters Ferdinand von Aragon und kurz danach auch seiner Mutter Johanna von Kastilien übernahm und als erster spanischer König die beiden Königreiche Kastilien und Aragon vereinigte. Als 1519 auch sein Großvater väterlicherseits Kaiser Maximilian starb, vereinte er erstmals die Königreiche Böhmen, Ungarn und Spanien mit seinen reichen Kolonien in Südamerika, das Herzogtum Burgund sowie die österreichischen Erblande und regierte zudem als Kaiser des Heiligen Römischen Reiches. Damit hatte er als erster Habsburger ein Weltreich geschaffen, in dem „die Sonne nie unterging". Die Regierungszeit Karl V. war jedoch von mehreren Konflikten gekennzeichnet – in erster Linie vom Kampf gegen die Reformation, aber auch von Kriegen gegen Frankreich und das Osmanische Reich. Finanziert wurden diese nicht nur durch die immensen Reichtümer, die aus den ausgebeuteten spanischen Kolonien in Südamerika nach Europa gelangten, sondern in erster Linie durch die vermögendste Kaufmannsfamilie der Epoche: die Fugger. Karl konnte zwar eine territoriale Ausdehnung des habsburgischen Imperiums erreichen, nicht jedoch sein eigentliches Ziel als tief gläubiger Katholik und Kaiser des Heiligen Römischen Reiches, dessen eigentliche Aufgabe ja die Verteidigung des katholischen Glaubens war. Luthers Lehre fand immer mehr Anhänger, die Reformation breitete sich aus und Karl sah sich in dieser für ihn wichtigsten Herausforderung gescheitert. Von Gicht geplagt, desillusioniert und regierungsmüde übergab er 1556 die Herrschaft in Spanien seinem Sohn Philipp II., die Kaiserwürde sowie Regierung in Österreich, Böhmen und Ungarn trat er an seinen jüngeren Bruder Ferdinand I. ab. Damit schuf Karl V. zwei Linien der habsburgischen Dynastie – die spanische mit Residenz in Madrid und die österreichische, die auch die Kaiserwürde weiterführte, mit Wien als Residenzstadt. Zwei Jahre später starb Karl im Kloster San Yeronimo de Yuste an der Malaria und wurde im Escorial begraben.

Oben: Karls Devise lautete „plus ultra" („darüber hinaus") und wurde durch die Säulen des Herkules illustriert, die die Felsen von Ceuta und Gibraltar symbolisierten, die in der Mythologie für das „Ende der Welt" standen. Damit veranschaulichte Karl seinen Anspruch auf die Weltherrschaft der Habsburger.
Linke Seite: Kaiser Karl V., Porträt von einem unbekannten Meister nach einem Gemälde von Tizian. Sammlungen Schloss Ambras, Kunsthistorisches Museum, Wien.

In der Seeschlacht von Lepanto, der größten Galeerenschlacht der Geschichte, besiegte die Heilige Liga unter der Führung Don Juans de Austria 1571 die Osmanen und sicherte damit die Vorherrschaft im westlichen Mittelmeer.

Don Carlos, der älteste Sohn König Philipp II. von Spanien. Gemälde von Alonso Sanchez Coello, um 1560.

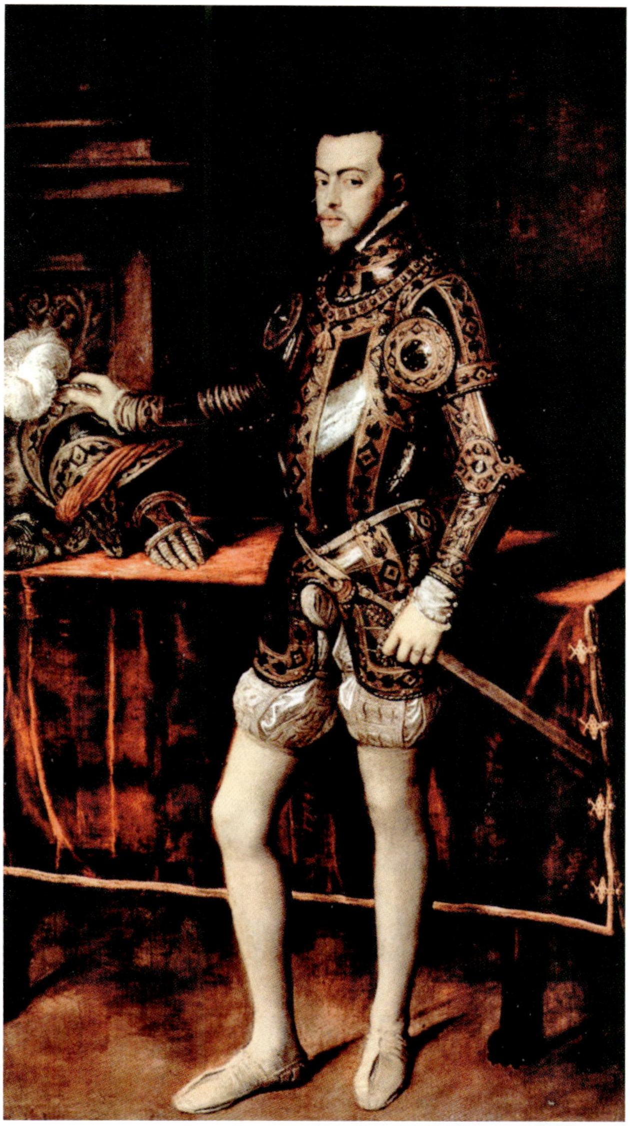

Der Sohn und Nachfolger Karls V. in seinen spanischen Besitzungen, Philipp II., führte die Expansionspolitik der Habsburger fort. Er regierte nicht nur als König von Spanien, wozu die Niederlande, Sizilien und Burgund gehörten, sondern ab 1580 auch als König von Portugal. In Amerika eroberte er neben den bereits bestehenden spanischen Kolonien Peru, Mexiko und Florida und in Asien die nach ihm benannten philippinischen Inseln. Eine wichtige Rolle bei den Eroberungen spielte sein Halbbruder Don Juan de Austria, den er 1554 anerkannte. Dessen früher Tod führte ebenso zu Spekulationen um einen angeblichen Mordanschlag wie bei Philipps Sohn Don Carlos. Philipp hatte seinen eigenen Sohn wegen Hochverrats verhaften lassen – wenig später starb dieser in Gefangenschaft.

Links: Die spanische Klosterresidenz San Lorenzo de El Escorial nahe Madrid wurde von Karls Sohn Philipp II., der die spanische Linie der Habsburger weiterführte, zwischen 1563 und 1584 erbaut und zur Residenz der spanischen Könige.

FERDINAND I., MAXIMILIAN II. UND RUDOLF II. DER KAMPF GEGEN PROTESTANTEN UND OSMANEN

Die Nachfolger Karls V., zunächst sein Bruder Ferdinand (1503–1564) und danach dessen Sohn Maximilian II. (1527–1576), regierten in einer Zeit, die von konfessionellen Unruhen geprägt war. Auch wenn sich Ferdinand und vor allem Maximilian II. nicht nur mit den Protestanten arrangierten, sondern wie letzterer sogar mit ihnen sympathisierten, war es doch ihre Aufgabe als Kaiser des Heiligen Römischen Reiches, die Gegenreformation voranzutreiben. Durch die langen Türkenkriege finanziell unter Druck geraten, gewährte Maximilian II. gegen den Widerstand der Katholiken für die ungeheure Summe von 2,5 Millionen Gulden die Religionskonzession, die dem Adels- und Ritterstand die freie Ausübung des Augsburger Bekenntnisses ermöglichte. Maximilians engagierte, ausgleichende und tolerante Politik stieß jedoch nicht nur in der Familie, sondern vor allem auch im Reich auf Ablehnung. Als er 1576 starb, setzte man große Hoffnungen in seinen Sohn und Nachfolger, der vorsorglich im streng katholischen Spanien erzogen worden war. Dies hatte mehrere Gründe: Einerseits wollte man damit die Verbindung zwischen der spanischen und österreichischen Linie festigen, andererseits sollten die Kinder streng katholisch erzogen und ihnen die Distanziertheit und steife Würde, die man als wichtige Eigenschaften eines Kaisers ansah, einverleibt werden. Bei Rudolf II. (1552–1612) sollten jedoch die negativen Eigenschaften vieler Habsburger durchkommen: Der Kaiser war entscheidungsschwach und neigte zu Depressionen, die sich zu einer schweren psychischen Störung entwickelten. 1583 verlegte er seine Residenz nach Prag, wo er sich weniger mit Politik als mit Kunst und Wissenschaft beschäftigte. Neben dem Kampf gegen die Protestanten war im Südosten des Reiches bereits ein weiterer Krisenherd entstanden, der nicht nur die habsburgischen Länder, sondern ganz Europa für Jahrhunderte bedrohten sollte – der Kampf gegen die Expansionsbestrebungen des Osmanischen Reiches. Doch der Kaiser zeigte zunehmend Schwierigkeiten die Regierungsgeschäfte zu erledigen, manische Phasen wechselten sich mit völlig lethargischen ab. Schwere Depressionen, die sich zu Wahrnehmungsstörungen und schizophrenen Schüben steigerten, machten Rudolf zunehmend regierungsunfähig. Er stilisierte sich zwar als „Türkensieger", mit der Realität hatte dies jedoch nichts zu tun. Der Kaiser ertrug nur noch wenige Menschen um sich, wurde immer misstrauischer und fühlte sich verfolgt und bedroht. Da er politisch mittlerweile völlig inaktiv war und sich außerdem weigerte zu heiraten und somit keine legitimen Nachfolger hatte, sah sich sein jüngerer Bruder Matthias zu einem drastischen Schritt gezwungen. 1606 erklärte er Rudolf für geisteskrank, machte sich zum Familienoberhaupt und begann Friedensverhandlungen mit dem Osmanischen Reich. Der „Bruderzwist" im Hause Habsburg, der durch das gleichnamige Drama Franz Grillparzers auch Eingang in die Literatur finden sollte, ging zu

Oben: Kaiser Rudolf II. verlegte die Residenz der Habsburger von Wien nach Prag und lebte in der Prager Burg auf dem Hradschin.
Linke Seite: Rudolf II. rief führende Künstler und Wissenschafter der Zeit an seinen Hof und war einer der ersten großen Kunstsammler unter den Habsburgern. Porträt von Hans von Aachen, um 1606/1608.

Gunsten von Matthias aus. 1608 wurde er zum König von Ungarn und 1611 zum König von Böhmen gekrönt und sein kaiserlicher Bruder auf dem Hradschin nur noch geduldet. Als Rudolf 1612 starb, folgte ihm Matthias auch als Kaiser nach. Der Religionskonflikt spitzte sich nun wieder zu und gipfelte 1618 im Ausbruch des Dreißigjährigen Krieges, in dem es auch um die Vormachtstellung in Europa gehen sollte. Der Krieg wütete vor allem in Deutschland und zerstörte nicht nur das Land durch plündernde und marodierende Soldatenscharen, sondern dezimierte die Bevölkerung durch Hungersnot und Seuchen von 17 auf 8 Millionen. Der 1648 geschlossene Westfälische Friede brachte eine neue europäische Ordnung, die ein Scheitern des kaiserlichen Zentralismus bedeutete. Der Augsburger Religionsfriede wurde wiederhergestellt und damit die reformierten Konfessionen als gleichberechtigt anerkannt. Der reformierte Norden der Niederlande schied aus dem Reich aus und ging damit für die Habsburger verloren. Einen wichtigen dynastischen Erfolg hatten die Habsburger jedoch bereits 1620 mit der Schlacht am Weißen Berg errungen, in dem sie die böhmischen Protestanten besiegten und Böhmen zu einem Erbkönigtum der Habsburger wurde.

Die erzherzogliche Familie des späteren Kaisers Maximilian II. Gemälde von Giuseppe Arcimboldo, um 1559. Links ist Maximilians Gattin Maria von Spanien zu sehen, im roten Kleid ihr Sohn Rudolf. Maximilian trat 1564 die Nachfolge seines Vaters Ferdinand I. als Kaiser an und wurde auf Grund seiner Sympathie für den Protestantismus von der Familie mit Misstrauen bedacht.

Kaiser Matthias als junger Erzherzog. Gemälde von Lucas van Valckenborch, um 1580. Matthias ließ seinen psychisch kranken und am Ende regierungsunfähige Bruder Rudolf II. für geisteskrank erklären und übernahm die Regierungsgeschäfte.

Kaiser Rudolf II. bei einer Trinkkur. Gemälde von Lucas van Valckenborch, nach 1593

Der Prager Fenstersturz am 23. Mai 1618. Auslöser für den Zug der protestantischen Stände auf die Prager Burg war eine Verletzung der von Kaiser Matthias zugesicherten Religionsfreiheit. In einer improvisierten Gerichtsverhandlung wurden zwei königliche Statthalter sowie der Sekretär der böhmischen Hofkanzlei aus dem Fenster geworfen. Der Prager Fenstersturz markierte den Beginn des Aufstands der böhmischen protestantischen Stände gegen die katholischen Habsburger und war Auslöser des Dreißigjährigen Krieges.

DIE HABSBURGER ALS SAMMLER UND KUNSTMÄZENE

Die Habsburger zeichneten sich über Jahrhunderte als große Kunstsammler und Mäzene aus und gelangten so zu einer der größten und bedeutendsten Kunstsammlungen der Welt. Einer der ersten großen Mäzene und Sammler war Kaiser Rudolf II., der nicht nur Kunstwerke zeitgenössischer Maler wie Correggio und Parmigianino sammelte, sondern auch viele berühmte Künstler seiner Zeit – u. a. Bartholomäus Spranger und Arcimboldo – an seinen Hof holte. Eine seiner bedeutendsten Erwerbungen war sicherlich die größte Bruegelsammlung weltweit, die sich bis heute in Wien befindet. Noch größeren Wert legte der Kaiser jedoch auf seine Kunst- und Wunderkammer mit kostbaren Goldschmiedearbeiten und Steinschneidewerken, aber auch kunstvoll gefassten Kuriositäten aus exotischen oder außergewöhnlichen Materialien wie Narwalhörnern oder Magensteinen von Wiederkäuern, denen man heilende und wundertätige Wirkungen zuschrieb. Grundstock der habsburgischen Kunstsammlung war die Sammlung von Rudolfs Neffen Erzherzog Leopold Wilhelm (1614–1662), der als Statthalter der Niederlande vor allem niederländische und venezianische Maler erwarb. So gelangten u. a. Hauptwerke von Giorgione und Tizian in habsburgischen Besitz, der damit eine der wertvollsten Kunstsammlungen des 17. Jahrhunderts darstellte. Als Leopold Wilhelm nach Wien zurückkehrte, zählte seine Sammlung 1.400 Werke, die in der Stallburg der Wiener Hofburg untergebracht wurden. Die Sammlung wurde auch in den kommenden Jahrzehnten und Jahrhunderten ständig erweitert, sodass neben Bruegel u. a. Hauptwerke von Dürer, Velázquez, Tizian, Veronese, Tintoretto, Caravaggio, Rubens, Rembrandt und Van Dyck in Wien ihren Platz fanden. Heute sind all diese Kunstwerke im Kunsthistorischen Museum an der Wiener Ringstraße, einem der bedeutendsten Museen der Welt, zu besichtigen.

Erzherzog Leopold Wilhelm besichtigt mit seinem Galerieleiter, dem Maler David Teniers, seine Gemäldesammlung in Brüssel, um 1650.

Eine der bedeutendsten Kunstschätze der Habsburger ist die größte Bruegelsammlung der Welt. Dazu zählt auch der Turmbau von Babel von Pieter Bruegel dem Älteren aus dem Jahr 1563.

Das Salzfässchen Benvenuto Cellinis – die so genannte Saliera – aus den Jahren um 1540 zählt zu den bedeutendsten Goldschmiedearbeiten der Zeit und gehört zu den kostbarsten Kunstschätzen des Kunsthistorischen Museums in Wien.

LEOPOLD I.
TÜRKENKRIEGE UND BAROCKE FESTE

Da Kaiser Leopold I. (1640–1705) ursprünglich für eine geistliche Laufbahn bestimmt und erzogen worden und erst durch den frühen Tod seines älteren Bruders in der Erbfolge vorgerückt war, war seine Regierungszeit von seiner Frömmigkeit geprägt, die ihn von den meisten absoluten Herrschern seiner Zeit unterschied.

Dennoch war der Kaiser ganz vom barocken Geist der Selbstdarstellung und Inszenierungskunst geprägt und machte den Wiener Hof zu einem kulturellen Zentrum Europas. Um den Hochadel stärker an sich zu binden, versuchte er den Wiener Hof ähnlich jenem des Sonnenkönigs Ludwig XIV. aufzuwerten, indem er einerseits attraktive und lukrative Positionen in der Verwaltung des Hofes sowie des Reiches vergab und damit auch den Reichsadel anzog, gleichzeitig gestaltete er das Hofleben mit barocker Pracht und prunkvollen Festen. Als begeisterter Musiker pflegte Leopold auch die Musiktradition, liebte die italienische Oper und engagierte mit enormen Kostenaufwand die besten Komponisten, Musiker, Librettisten, Choreographen und Kostümschneider für seine prunkvoll inszenierten Aufführungen.

Zu seinen politischen Erfolgen zählte nicht nur die Verteidigung Wiens bei der Zweiten Türkenbelagerung im Jahre 1683, womit die jahrhundertlange Gefahr, die ganz Europa bedroht hatte, endgültig gebannt war, sondern dank seines genialen Feldherren Prinz Eugen von Savoyen die Vertreibung der Türken aus den seit 1526 besetzten Gebieten in Ungarn. Ausschlaggebend war dabei die siegreiche Schlacht bei Zenta 1697. Der darauf folgende Friede von Karlowitz 1699, der die Gewinnung ganz Ungarns sowie Siebenbürgens und Slawoniens brachte, ließ die Habsburger nun endgültig zu einer Großmacht aufsteigen.

Leopold begann die Umgestaltung Wiens zu einer Barockstadt und nutzte viele Prunkbauten und Denkmäler als architektonische Wahrzeichen der Gegenreformation, die unter dem tiefgläubigen Leopold einen Höhepunkt erlebte.

Als im Jahre 1700 mit König Karl II. der letzte Habsburger der spanischen Linie starb, beanspruchte Kaiser Leopold das Erbe für die österreichische Linie, obwohl Karl seinen Großneffen Philipp von Bourbon-Anjou testamentarisch als seinen Erben eingesetzt hatte. Die Folge war der Spanische Erbfolgekrieg dessen Ausgang Leopold nicht mehr erleben sollte – er starb bereits 1705.

Oben: Die Herrschaft der Habsburger war eng mit der katholischen Kirche verbunden und die Habsburger waren die wichtigsten Proponenten der Gegenreformation. Dabei versuchten sie die Bevölkerung eher auf subtile Weise für den „einzig wahren Glauben" zurück zu gewinnen: mit feierlichen Prozessionen, prächtigen Gottesdiensten und üppigen und kostbar ausgestatteten Kirchen sowie Prunkbauten, die die Bevölkerung beeindrucken sollten. Dazu zählt etwa auch die Pestsäule am Wiener Graben; ihre klare Botschaft war, dass nichts anderes als der katholische Glaube die Pest besiegt hätte.

Linke Seite: Leopold I. im Theaterkostüm. Der Kaiser war nicht nur Musikliebhaber, der vor allem die italienische Oper förderte, sondern auch selbst begabter Komponist. Er spielte mehrere Instrumente und dirigierte sein Kammerorchester selbst. Er hinterließ über 200 Kompositionen – von Oratorien über Ballette bis hin zu deutschen Singspielen.

Links: Eheliche Verbindungen zwischen der österreichischen und spanischen Linie der Habsburger waren keine Seltenheit und wurden zumeist im Kindesalter zwischen den Eltern vereinbart. Damit der Wiener Hof die Entwicklung der Braut Leopolds, der spanischen Infantin Margarita Teresa, verfolgen konnte, sendete man mehrere Porträts des Hofmalers Diego Velázquez nach Wien.
Rechts: Kaiser Leopold I. Sein ältester Sohn Josef I. verstarb nach kurzer Regierungszeit bereits 1711 an den Blattern; ihm folgte sein jüngerer Bruder Karl VI. nach. Gemälde im Stift Geras von unbekannter Hand.

Unten: Anlässlich der Hochzeit Leopolds mit der spanischen Infantin Margarita Teresa fand am 21. Jänner 1667 im Inneren Burghof der Hofburg die Aufführung eines Rossballetts statt. Über 300 Tänzer und Reiter sowie über 200 Sänger und Musiker gestalteten die bombastisch inszenierte Feier. Der spanische Gesandte meldete, dass „a saeculis nix solches gesehen worden".

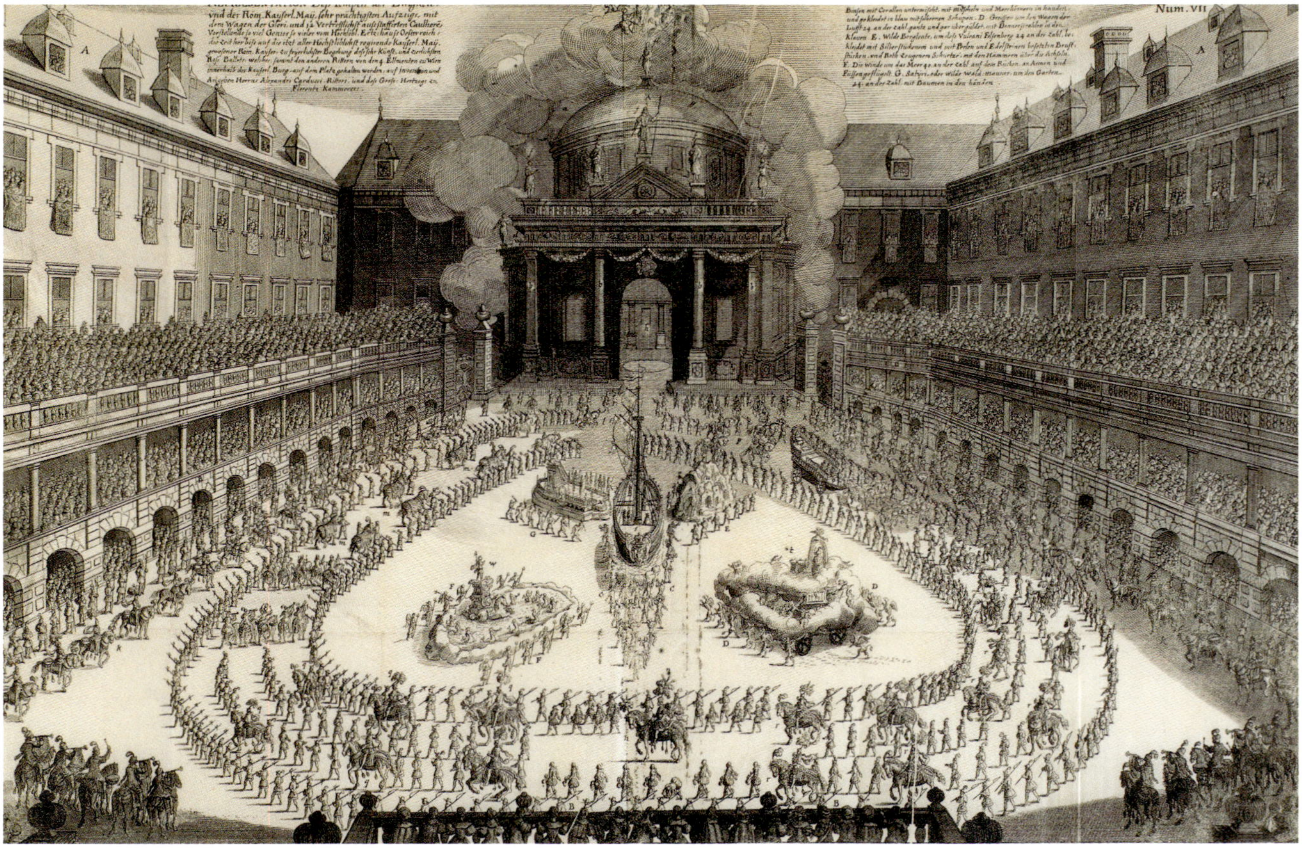

Oben: Die Entscheidung in der Entsatzschlacht von Wien am 12. September 1683 führten polnische Truppen unter König Jan Sobieski herbei, die in Eilmärschen zum Heer der alliierten kaiserlichen Armee gestoßen waren. Kaiser Leopold war schon vor Beginn der Belagerung aus Wien geflohen.
Rechts: Der mit einem Halbmond bekrönte türkische Roßschweif diente als Standarte der osmanischen Armee und symbolisierte auch militärische Grade.
Links: Das osmanische Heer unter der Führung von Großwesir Kara Mustafa musste sich nach erbittertem Kampf dem Angriff der alliierten Truppen geschlagen geben und beendete am Abend des 12. September 1683 fluchtartig die Belagerung Wiens. Auf Befehl des Sultans wurde Kara Mustafa in Belgrad für seine Niederlage mit einer Seidenschnur erdrosselt.

PRINZ EUGEN „DER EDLE RITTER“

Oben: Prinz Eugen erhielt nach einem Volkslied, das die Eroberung Belgrads schilderte den populären Beinamen „der edle Ritter“.

Prinz Eugen von Savoyen ging als berühmtester Feldherr des Hauses Habsburg und großer Türkensieger in die österreichische Geschichte ein, obwohl er kein Österreicher war. Geboren wurde er 1663 in Paris als Sohn des Prinzen von Savoyen und der Olympia Mancini, einer Nichte Kardinal Mazarins. Prinz Eugen wuchs im Umfeld des französischen Hofes in Versailles auf und strebte seit frühester Jugend eine militärische Karriere an, obwohl seine zierliche Statur – der Prinz war nur 1,61 m groß – nicht der eines strahlenden Kriegshelden entsprach. Doch der Prinz war hartnäckig und als der „Sonnenkönig“ Ludwig XIV. es ablehnte, ihn in seine Armee aufzunehmen, bot er seine Dienste dem habsburgischen Kaiser an. Leopold I. gab ihm eine Chance und sollte seine Entscheidung nicht bereuen. Schon bei seiner ersten Schlacht, der Entsatzschlacht Wiens 1683 im Zuge der Zweiten Türkenbelagerung, bewies er seine außergewöhnlichen Fähigkeiten. Sein strategisches und taktisches Genie ließ ihn rasch Karriere machen und bereits wenige Jahre später wurde er zum Oberbefehlshaber in Ungarn ernannt. Unter seiner Führung gelang es den Habsburgern, die Osmanen wieder aus Ungarn zu vertreiben. Diese politisch wichtigen Siege ließen Prinz Eugen nicht nur zum Generalleutnant und damit Oberbefehlshaber der kaiserlichen Truppen sowie Mitglied des geheimen Rates und damit zu einem der bedeutendsten Männer des Reiches aufsteigen, sondern auch zu einem der reichsten. Prinz Eugen liebte prunkvolle Repräsentation, ließ sich von den berühmtesten Architekten

Unten links: Die Apotheose des Prinzen Eugen von Balthasar Permoser im Goldkabinett des Unteren Belvederes.
Unten rechts: Die Sphingen im Garten des Schlosses Belvedere galten im 18. Jahrhundert nicht nur als Symbol für Unsterblichkeit sondern sollten die Sommerresidenz des selbstbewussten Prinzen durch ihre Bedeutung als Wächter des Olymp auch mit diesem gleichsetzen.

Ab 1714 wurde das Untere Belvedere von Johann Lukas von Hildebrandt als Sommerresidenz des Prinzen errichtet, 1721 begann er mit dem Bau des Oberen Belvederes mit seinem einzigartigen Blick auf Wien, das ausschließlich für die prunkvollen Feste des Prinzen diente.

seiner Zeit prachtvolle Palais und Schlösser errichten, besaß eine der wertvollsten Kunstsammlungen seiner Zeit und war berühmt für seine glanzvollen Feste. Da der Prinz sein Leben lang unverheiratet blieb und auch keine Kinder hatte, fiel nach seinem Tod im Jahre 1736 das immense Vermögen an seine Nichte Viktoria von Savoyen. Einen Großteil des Erbes – unter anderem die Schlösser Belvedere in Wien und Schlosshof im Marchfeld, sowie einen Großteil seiner Kunstsammlung – verkaufte Viktoria an Kaiser Karl VI., womit es in habsburgischen Familienbesitz gelangte.

KARL VI.
DER LETZTE HABSBURGER

Karl VI. (1685–1740) wuchs in Spanien auf und sollte von König Karl II., von dem keine Nachkommen zu erwarten waren, das Königreich Spanien übernehmen. Da nach Karl II. Tod aber auch Frankreich Anspruch auf die spanische Krone erhob, kam es zum Spanischen Erbfolgekrieg, der zunächst für die Habsburger erfolgreich verlief. Doch als Karls älterer Bruder Kaiser Joseph I. 1711 unerwartet starb, und er die Nachfolge als Kaiser des Heiligen Römischen Reiches antrat, änderte sich die Situation. Denn nun hätte Karl VI. die spanische und österreichische Linie der Habsburger wieder in einer Person vereint, was die übrigen Großmächte als zu große Machtkonzentration empfanden. So verlor Karl seine Unterstützer im Kampf gegen die Bourbonen und musste 1714 schließlich auf das Königreich Spanien verzichten, nur die spanischen Nebenlande Mailand, Neapel, Sardinien sowie die südlichen Niederlande (das heutige Belgien) fielen an das Habsburgerreich. Nach Wien zurückgekehrt, ging Karl daran die Erbfolge der habsburgischen Länder neu zu regeln. Um seinen Kindern die Erbfolge vor jenen seines älteren Bruders Joseph I. zu sichern, erließ Karl 1713 die Pragmatische Sanktion, in der er die habsburgischen Länder als unteilbar erklärte, womit die Habsburgermonarchie erstmals als Gesamteinheit festgeschrieben war. Weiters hielt er die weibliche Erbfolge fest, eine Bestimmung, deren Anerkennung mit den Jahren immer dringender wurde, da Karl „nur" Töchter bekam. Karls Politik war bis zu seinem Tod von der Durchsetzung der Pragmatischen Sanktion dominiert. Für ihre Anerkennung durch alle europäischen Mächte war er bereit viele Kompromisse einzugehen. Schließlich sollten sich all seine Bemühungen als umsonst herausstellen, denn seine Tochter Maria Theresia musste trotz Pragmatischer Sanktion hart um ihr Erbe kämpfen. Prinz Eugen, der darauf gedrängt hatte, ihr lieber eine gut gerüstete Armee als „ein Stück Papier" zu hinterlassen, sollte mit seiner Befürchtung Recht behalten.

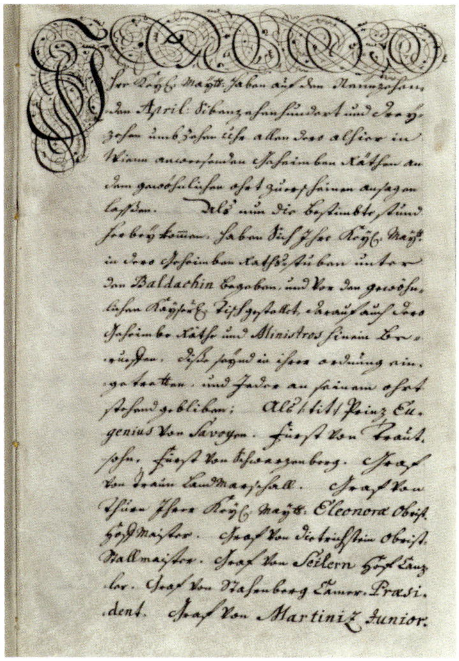

Unter seiner Herrschaft erlebte die Barockkunst ihren Höhepunkt und Wien wandelte sich endgültig zu einer barocken Metropole mit zahlreichen Prunkbauten, die die Stadt bis heute prägen. Seine Hofarchitekten Johann Bernhard und dessen Sohn Joseph Emmanuel Fischer von Erlach erbauten in dieser Zeit die repräsentativen Teile der Hofburg wie die Winterreitschule und die Hofbibliothek, heute die Österreichische Nationalbibliothek, aber auch zahlreiche Kirchenneubauten wie die Karlskirche.

Mit Karls Tod im Jahre 1740 starben die Habsburger im Mannesstamm aus und seine Tochter Maria Theresia trat ein schweres Erbe an.

Oben: Das wichtigste politische Ziel Kaiser Karl VI. war die Anerkennung der sogenannten Pragmatischen Sanktion, die die weibliche Erbfolge in den habsburgischen Ländern ermöglichte.
Linke Seite: Kaiser Karl VI. Gemälde von Johann Gottfried Auerbach, um 1735.

DANIEL. GRAN
PINXIT

Kaiser Karl war in Madrid aufgewachsen und konnte den Verlust des Königreichs Spanien nur schwer verkraften. In Anlehnung an den Escorial wollte er Stift Klosterneuburg westlich von Wien zu einer vergleichbaren Klosterresidenz auszubauen. Der Bau wurde jedoch nur zu einem Viertel verwirklicht, nur zwei mit den Kronen der Habsburger geschmückten Kuppeln erinnern an Karls ehrgeizigen Plan.

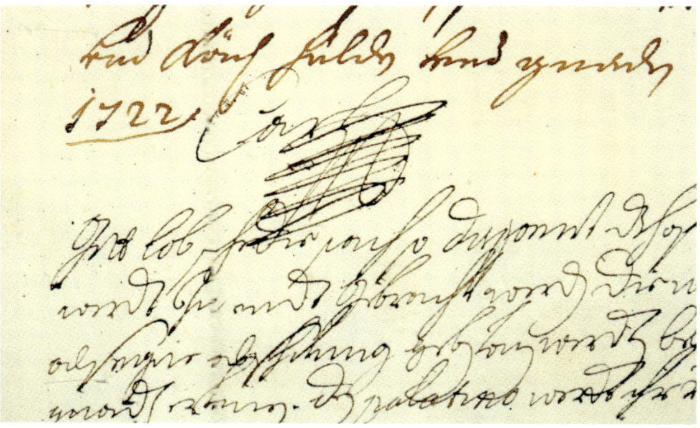

Oben: Allergnädigstes kaiserliches Handschreiben Kaiser Karls VI. vom 29. Juni 1722 an den Dekan der juridischen Fakultät und Hofkommissär für den ungarischen Reichstag Johann Georg von Mannagetta, der die Anerkennung der Pragmatischen Sanktion zum Abschluss brachte.
Rechts: Die 1729 bis 1735 errichtete Winterreitschule ist seit Karl VI. Heimat der Lipizzaner der Spanischen Hofreitschule.

Linke Seite: Von 1721 bis 1735 ließ Karl VI. von seinen Hofarchitekten Johann Bernhard und dessen Sohn Joseph Emmanuel Fischer von Erlach die Hofbibliothek erbauen. Im Prunksaal, in dem sich Architektur, Skulptur und Malerei zu einem barocken Gesamtkunstwerk vereinen, ist die kostbare Bibliothek des Prinzen Eugen untergebracht, die die Habsburger nach seinem Tod erwarben. In der Mitte steht die Statue Kaiser Karls VI. als Herkules der Musen.

DIE KAPUZINERGRUFT

Ursprünglich wurden die Habsburger in der Fürstengruft des Stephansdoms begraben, ab dem 17. Jahrhundert bevorzugten die Habsburger jedoch die Gruft des Kapuzinerklosters am Neuen Markt als letzte Ruhestätte, die damit zur größten und bedeutendsten kaiserlichen Grablege wurde. Gegründet wurde die Kapuzinergruft im Jahre 1618 von Kaiserin Anna, der Gemahlin Kaiser Matthias', die im Kloster ihres Beichtvaters, eines Kapuzinerpaters, bestattet sein wollte. Ihr sollten 146 Habsburger folgen, weshalb die Gruft im Laufe der Jahrhunderte auch mehrmals erweitert werden musste. Der Tradition entsprechend wurde bei der Balsamierung der Toten eine Dreiteilung des Leichnams vorgenommen und Körper, Eingeweide und Herz getrennt bestattet: Die Eingeweide im Stephansdom, die Herzen in der Augustinerkirche, die auch als Hochzeitskirche der Habsburger fungierte, und die Körper in der Kapuzinergruft. Die Toten wurden in einfachen Holzsärgen bestattet, die in prunkvolle Sarkophage aus Zinn bzw. ab 1790 Kupfer gelegt wurden. Die Kaisergruft zeigt eindruckvoll, dass die Repräsentation der Herrscher über den Tod hinausging. Vor allem in der Barockzeit dienten die Sarkophage auch als Sinnbild der Macht der Verstorbenen und wurden mit allen weltlichen Insignien sowie Symbolen ewiger Herrschaft geschmückt. Die letzte Habsburgerin, die in der Kaisergruft bestattet wurde, war 1989 Exkaiserin Zita, die Gemahlin des letzten österreichischen Kaisers Karl I.

Rechte Seite oben: Der Prunksarkophag Kaiser Karls VI. Wappenschilder und Totenköpfe, die die vier Kronen des Kaisers tragen, symbolisieren die weltliche Macht des Monarchen. So sind die Krone des Heiligen Römischen Reiches, die ungarische Stephanskrone, die böhmische Wenzelskrone sowie die Krone Kastiliens dargestellt. Da Karl den Verlust des spanischen Königreichs nie verwinden konnte, ließ er die spanische Krone dennoch an seinem Sarkophag darstellen. Auf dem Grabdeckel hält die trauernde Austria gemeinsam mit einem Genius das lorbeerbekränzte Medaillonbild des Kaisers, das von einer sich selbst verzehrenden Schlange als Sinnbild der Ewigkeit bekrönt wird. Links davon liegen der Erzherzogshut – die Insignie der österreichischen Erzherzogstums –, sowie der Orden vom Goldenen Vlies, rechts mit dem Reichsapfel das Zeichen der römischen Imperatorenwürde.

Unten: Dem Wunsch Maria Theresias entsprechend wurde sie gemeinsam mit ihrem Gemahl Franz Stephan in einem von Balthasar Moll gefertigten Doppelsarkophag bestattet. Selbstbewusst hält sie das Szepter als Sinnbild der Kaiserwürde gemeinsam mit ihrem Mann.

Links: Blick von der Maria-Theresien-Gruft in die Karls-Gruft..
Unten: Kaiser Franz II./I. ruht in der Kapuzinergruft inmitten seiner vier Gemahlinnen: Elisabeth Wilhelmina von Württemberg, Marie Therese von Neapel-Sizilien – mit der er seine drei Kinder hatte –, Maria Ludovika Beatrix von Modena sowie Karolina Augusta von Bayern.

MARIA THERESIA
SPECTACLE MÜSSEN SEYN

Als Maria Theresia (1717–1780) 1740 mit 23 Jahren die Nachfolge ihres Vaters als Erzherzogin von Österreich sowie Königin von Ungarn und Böhmen antrat, sah sie sich zunächst gezwungen, ihr Erbe gegen den preußischen König Friedrich II., der sich mit Frankreich und Spanien verbündete, zu verteidigen. Im folgenden Österreichischen Erbfolgkrieg, der bis 1748 dauerte, sollte ihr das auch gelingen, nur das reiche Schlesien ging verloren und fiel an Preußen. Nachdem Maria Theresia ihre Position gesichert hatte, ging sie engagiert daran, das Land zu modernisieren und wurde zu einer der populärsten Gestalten der österreichischen Geschichte. Sie führte zukunftsweisende Reformen wie die allgemeine Unterrichtspflicht ein, modernisierte das Justizwesen, schaffte die Folter ab und drängte die beinahe unumschränkte Macht der Landesherren und Stände zugunsten einer zentralistischen Verwaltung zurück, was in erster Linie den bis dahin unterdrückten und ausgebeuteten Bauern zugute kam. Dabei ließ sie sich von den berühmtesten Reformern und Wissenschaftern ihres Faches beraten, u. a. von Friedrich Wilhelm von Haugwitz, Joseph von Sonnenfels und Gerard van Swieten.

Großen Wert legte Maria Theresia auf ihr Familienleben. Ihre Ehe mit Franz Stephan von Lothringen war – außergewöhnlich für die Zeit – eine Liebesheirat und Maria Theresia liebte ihren Mann bis zu seinem überraschenden Tod im Jahre 1765. Franz Stephan hatte für die Hochzeit mit Marie Theresia auf Lothringen verzichtet, dafür aber die Toskana erhalten. Da Maria Theresia als Frau nicht Kaiserin des katholischen Heiligen Römischen Reiches werden konnte, war nach dem Tod ihres Vaters ein Wittelsbacher zum Kaiser gewählt worden. Als dieser 1745 starb, hatte Maria Theresia ihre Macht so weit gefestigt, dass nun ihr Mann zum Kaiser gewählt wurde. Kaiser Franz I. Stephan überließ jedoch das Regieren seiner Frau und kümmerte sich in erster Linie mit großem Geschick um die Finanzen des Hauses Habsburg. Das Kaiserpaar bekam 16 Kinder und im Unterschied zu anderen Monarchen ihrer Zeit beschäftigten sich die Eltern außergewöhnlich intensiv mit der Erziehung ihrer Kinder, von denen elf das Erwachsenenalter erreichten. Charakteristisch für den Wiener Hof war vor allem die Theater- und Opernleidenschaft. Die Habsburger hegten seit dem 17. Jahrhundert eine besondere Begeisterung für Theateraufführungen, an denen sie auch aktiv als Schauspieler, Tänzer und Sänger mitwirkten. Die Teilnahme an Theater-, Opern- und Ballettdarbietungen gehörten zum festen Bestandteil der Erziehung der kaiserlichen Kinder und somit des Familienalltags. Aufführungen, bei denen die Kinder des Kaiserpaares sowie Mitglieder anderer Adelsfamilien auf der

Oben: Anlässlich der zweiten Hochzeit ihres ältesten Sohnes Josephs II. tanzten die drei jüngsten Kinder Maria Theresias Ferdinand Carl (geb. 1754), Maximilian Franz (geb. 1756) sowie als kleiner Amor seine Schwester Maria Antoinette (geb. 1755) das Ballett „Il trionfo d'amore". Gemälde von Johann Franz Greippel, um 1765.

Linke Seite: Maria Theresia regierte von 1740 bis 1780 als Erzherzogin von Österreich, Königin von Ungarn und Böhmen. Da 1745 ihr Mann Franz Stephan von Lothringen zum Kaiser des Heiligen Römischen Reiches gewählt wurde, trug sie auch den Titel Kaiserin. Martin van Meytens, um 1750.

Bühne standen, waren beinahe tägliches Programm und Maria Theresia arrangierte sie gerne selbst. Die Teilnahme der kaiserlichen Kinder an diesen „Spectacle“ verfolgte neben der allgemeinen Unterhaltung auch ein pädagogisches Ziel. Die Kinder sollten sich von frühester Jugend an Zuhörerschaft gewöhnen, reden und gut formulieren lernen und sich so spielerisch an ihre Aufgaben gewöhnen.
Als ihr Mann Kaiser Franz I. Stephan von Lothringen 1765 völlig unvermutet starb, litt Maria Theresia unter dem frühen Tod ihres Mannes und trug danach nur noch schwarz. Mit ihm hatte sie nicht nur ihren Mann verloren, den sie bis zu seinem Tod innig geliebt hatte, sondern auch ihren besten Freund und engsten Vertrauten. Als erste regierende Frau der Dynastie zählt sie bis heute zu den populärsten Habsburgern und gilt als Sinnbild einer tatkräftigen und gleichzeitig mütterlichen Monarchin.

Maria Theresia hatte die schwere Aufgabe, ihre Rolle als Monarchin und Mutter von 16 Kindern zu vereinen, wobei sie sich selbst in erster Linie als Regentin Österreichs sah und erst in zweiter Linie als Mutter. Maria Theresia, die selbst jahrelang um ihre große Liebe, Franz Stephan von Lothringen gekämpft hatte, war bei ihren eigenen Kindern kompromisslos. Für Maria Theresia standen stets die Staatsinteressen im Vordergrund und sie sah in der Fortführung der traditionellen Heiratspolitik ihre Pflicht als gute Monarchin. Gemälde von Martin van Meytens, 1754.

Maria Theresia und Franz Stephan mit dem jungen Thronfolger Joseph im Kreise ihrer Berater.

Die Rückeroberung Böhmens im Dezember 1742 war ein entscheidender Sieg im österreichischen Erbfolgekrieg gegen Preußen und wurde von Maria Theresia mit einem Damenkarussell in der Winterreitschule gefeiert, bei dem sie selbst und die Damen ihres Hofes mit Pferd und Wagen Quadrille tanzten und Geschicklichkeitswettbewerbe austrugen. Gemälde von Martin van Meytens.

DIE KAISERLICHE SOMMERRESIDENZ SCHLOSS SCHÖNBRUNN

Im Jahre 1693 beauftrage Kaiser Leopold I. Johann Bernhard Fischer von Erlach mit dem Bau eines Jagdschlosses, das auf den Grundmauern eines von den Türken zerstörten Lusthauses errichtet wurde. Mitte des 18. Jahrhunderts wurde es durch Nicolò Pacassi erweitert, da Maria Theresia aus dem ursprünglich privaten Schloss die offizielle Sommerresidenz des Hofes machte und von April bis Oktober mit ihrem gesamten Hofstaat aus der Hofburg nach Schönbrunn übersiedelte. Aus dieser Zeit stammen auch die bis heute erhaltene prächtige Innenausstattung im Rokokostil sowie die Anlage des Schlossparks, in dem sich auch der älteste Tiergarten der Welt befindet. Seinen Namen verdankt das Schloss der Legende nach Kaiser Matthias I., der anlässlich einer Jagd eine klare Quelle – den „schönen Brunnen" – entdeckt haben soll.

Unten: Nach dem Tod ihres geliebten Gemahls Franz I. Stephan von Lothringen im Jahr 1765 ließ Maria Theresia das Arbeitszimmer des Kaisers in ein Gedächtniszimmer umgestalten. Dazu wurden kostbarste chinesische Vieux-Laque-Tafeln in die Nussholztäfelung eingelassen und mit vergoldeten Rahmen versehen.
Rechts oben: Der Ehrenhof des Schlosses Schönbrunn, Bernardo Bellotto, gen. Canaletto, 1759/60.
Rechts unten: In der Großen Galerie, die 40 Meter lang und 10 Meter breit ist, fanden die glanzvollen Festlichkeiten des Hofes – Galatafeln, Empfänge und Bälle – statt.

Oben: Das runde chinesische Kabinett nutzte Maria Theresia für geheime Konferenzen. Chinesische Ausstattungen mit Lacktafeln und Porzellanvasen waren damals große Mode, besonders raffiniert war die Konstruktion einer Hebebühne, die es ermöglichte, die Mitte des Fußbodens abzusenken, um einen gedeckten Tisch hinaufzuheben, ohne dass Bedienstete das Zimmer betreten mussten.
Rechte Seite oben: Da Maria Theresia im Alter unter der sommerlichen Hitze litt, ließ sie sich die Räume im Erdgeschoss des Schlosses auf der Gartenseite von Johann Wenzel Bergl mit illusionistischen exotischen Landschaftsmalereien ausstatten.
Rechte Seite unten: Die Brunnenfiguren der Römischen Ruine im Schönbrunner Schlosspark.

HABSBURGS VERKAUFTE TÖCHTER

Für die Eheschließungen der kaiserlichen Töchter waren ausschließlich politisch-dynastische Gründe ausschlaggebend. Maria Theresia war sich durchaus bewusst, dass diese politischen Ehen oft großes Unglück für ihre Töchter bedeuteten. Über Erzherzogin Maria Josepha, die Ferdinand von Neapel heiraten sollte, von dem bekannt war, dass er ungebildet, grob und abstoßend war, sagte sie: „Ich betrachte die arme Josepha als ein Opfer der Politik. Wenn sie nur ihre Pflichten gegen Gott und Ihren Gatten erfüllt und für ihr Seelenheil sorgt, dann wäre ich zufrieden, selbst wenn sie unglücklich würde." Grund für diese „gnadenlose" Haltung war aber keineswegs mangelnde Liebe, sondern vielmehr politische Notwendigkeit. Heiratspolitik war für die Machterhaltung und Machtvergrößerung der Dynastie – und das war oberste Priorität – unerlässlich. Entscheidend war allein der geostrategische Vorteil einer Ehe, Gefühle oder persönliche Schicksale durfte keine Rolle spielten.

Vor allem Marie Antoinette, die nach ihrer Hochzeit mit dem späteren Ludwig XVI. am französischen Hof lebte, litt unter der ungebrochenen Bevormundung durch ihre Mutter. Die Tatsache, dass die Ehe viele Jahre nicht vollzogen wurde und kein Thronerbe in Sicht war, machte Maria Theresia zunehmend nervös und ärgerlich. Marie Antoinette musste in jedem Brief genauestens berichten, wie sie mit dem König zusammenlebte und ob sich schon Anzeichen einer Schwangerschaft einstellten. Die Kaiserin rügte ihre Tochter ob ihres verschwenderischen Lebensstils, ihrer Vergnügungssucht und der falschen Wahl ihres nächsten Umfelds. Vor allem aber bedrängte sie ihre Tochter mehr Zeit mit ihrem Mann zu verbringen und sich „angenehm und unentbehrlich" zu machen – war es doch die wichtigste Aufgabe einer Königin Erben zur Welt zu bringen. Marie Antoinette gebar schließlich zwei Kinder, wurde jedoch im Zuge der Französischen Revolution gefangen genommen und 1793 zum Tode verurteilt und guillotiniert. Gemälde von Élisabeth Vigée-Lebrun, 1783.

Links: Maria Theresias älteste Tochter Maria Anna hatte einen Buckel und konnte daher nicht verheiratet werden. Die Alternative – nämlich ins Kloster zu gehen – war jedoch weniger Strafe als Befreiung. Im Fall der kaiserlichen Töchter bedeutete dies kein entsagendes Leben hinter kalten Klostermauern – sie standen als Äbtissinnen oft sogar nur nominell dem Kloster vor, residierten in entsprechenden Appartements, konnten wie Maria Anna ihren wissenschaftlichen Interessen nachgehen und vermutlich sogar ein wesentlich interessanteres und angenehmeres Leben führen als jene Töchter, die weit weg von der Heimat in erster Linie dazu da waren, möglichst viele Nachkommen in die Welt zu setzen.
Rechts: Maria Theresia war nicht nur eine dominante Mutter, sondern bevorzugte auch ganz offen einige ihrer Kinder – so etwa ihre erklärte Lieblingstochter Marie Christine, die als einzige der Kinder mit der Unterstützung ihrer Mutter eine Liebesheirat eingehen durfte und Albert von Sachsen heiratete, mit dem sie als Statthalter der Niederlande in Brüssel lebte. Alberts Kunstsammlung – die heutige Graphische Sammlung Albertina – stellt heute die größte Graphik-Sammlung der Welt dar.

In ihrer Instruktion für ihre Tochter Maria Amalia, die den um fünf Jahre jüngeren Herzog von Parma heiratete, schrieb Maria Theresia: „Ihr wißt, daß wir uns unseren Ehemännern unterzuordnen haben. Wir schulden Ihnen Gehorsam, unser einziges Ziel soll in allem unser Gatte sein. Wir sollen ihm dienen und nützlich sein, wir sollen aus ihm unseren besten Gefährten machen und stets in ihm unseren Herrn und Meister sehen … Gebt Euch wirkliche Mühe, es ihm in eurem Hause recht zu machen, damit er sich nicht anderswo wohler zu fühlen braucht … Alles hängt von der Frau ab …"

JOSEPH II.
DER AUFGEKLÄRTE KAISER

Schon als junger Erzherzog stand Joseph (1741–1790) in krasser Opposition zum Hofleben und zur „degenerierten Adelsgesellschaft“, er verachtete jede Etikette und bevorzugte einen einfachen Lebensstil. Nach dem Tod seines Vaters 1765 wurde er Kaiser des Heiligen Römischen Reiches und Mitregent seiner Mutter Maria Theresia. Diese Mitregentschaft beschwor unzählige Zerwürfnisse zwischen Mutter und Sohn herauf – Maria Theresia war noch stark von der Gedankenwelt des Absolutismus geprägt, ihr Sohn Anhänger der rational geprägten Aufklärung. Neben dem Generationenkonflikt trafen auch zwei völlig unterschiedliche Charaktere aufeinander, die beide konsequent ihren Ansichten treu blieben. Erst nach dem Tod Maria Theresias konnte Joseph seine Reformtätigkeit in dem Maße durchsetzten, die seinen Vorstellungen von einem aufgeklärten Staat entsprachen. 1781 hob er die Leibeigenschaft der Bauern auf und erließ das Toleranzpatent, das Protestanten, Juden und Orthodoxen freie Religionsausübung zusicherte. Eines seiner wichtigsten Projekte war die Gründung des Allgemeinen Krankenhauses, das 1784 in Wien eröffnet wurde und eine für die damalige Zeit beispielgebende Institution zur medizinischen Versorgung der Bürger darstellte. In den Aufnahmebedingungen hielt Joseph fest, dass „kein Mensch, von was immer für einer Nation und Religion er auch sei mag, vom Eintritt ins Allgemeine Krankenhaus ausgeschlossen werde.“ Joseph öffnete auch viele Wiener Parkanlagen und Grünareale, u. a. den Park des Schlosses Schönbrunn sowie den Wiener Prater, die bis dahin allein der kaiserlichen Familie zugänglich gewesen waren. Da bei seinen Reformen stets der Nützlichkeitsgedanke im Vordergrund stand, wurden alle ausschließlich kontemplativen Ordensgemeinschaften aufgelöst, wofür ihn der Papst auch scharf kritisierte. Nachdem Joseph erst spät die alleinige Macht innehatte, kamen viele seiner Reformen überhastet und stießen auf große Ablehnung. Vor allem seine merkwürdigen Begräbnisverordnungen, die nicht nur die Anzahl der Kerzen, sondern sogar einen wiederverwendbaren Klappsarg sowie Schichtgräber für jeweils 6 Personen gesetzlich vorschrieben, stießen auf breiten Widerstand in der Bevölkerung und mussten wieder aufgehoben werden. Joseph hatte keine eigene Familie, seine erste Frau Isabella von Parma verstarb bereits nach einigen Ehejahren im Jahr 1763, die gemeinsamen zwei Töchter bereits im Kindesalter. Aus der zweiten Ehe mit Josepha von Bayern stammten keine Kinder – Joseph hatte seine Cousine 2. Grades nur höchst widerwillig auf „Befehl“ seiner Mutter geheiratet, vermied jeglichen Kontakt zu seiner zweiten Frau und ließ sogar die Verbindungstüren zwischen seinem und ihrem Appartement zumauern. Im Jahre 1790 starb der Kaiser 59-jährig an Tuberkulose.

Oben: Die Kaiserkrönung Josephs fand am 3. April 1764 in Anwesenheit seines Vaters Kaiser Franz I. Stephan in Frankfurt statt.
Linke Seite: Kaiser Joseph regierte ganz im Sinne der Aufklärung und gründete zahlreiche soziale und hochmoderne Institutionen wie das Allgemeine Krankenhaus.

Oben: Leopold mit seiner Familie im Garten des Palazzo Pitti in Florenz. Gemälde von Johann Joseph Zoffany, 1776.
Rechts: Kaiser Joseph mit seinem jüngeren Bruder Leopold. Pompeo Batoni, 1769. Nach dem frühen Tod Josephs kehrte Leopold nach Wien zurück und übernahm 1790 als Leopold II. die Herrschaft. Bereits zwei Jahre später starb er ohne sein ambitioniertes liberales Programm, das er bereits in Florenz mustergültig umgesetzt hatte, realisieren zu können.

Linke Seite: Die Hochzeit Josephs mit Isabella von Parma im Jahre 1760 sollte eines der glanzvollsten Feste des Wiener Hofes im 18. Jahrhundert werden. Allein der Einzug Isabellas in Wien mit über 90 prachtvollen Kutschen war ein großes Spektakel, dem noch zahlreiche Festlichkeiten, wie das prunkvolle Souper in den Redoutensälen, folgten. Martin van Meytens, nach 1760.

FRANZ II./I.
ÖSTERREICH WIRD EIN KAISERTUM

Nach dem Tod Leopold II. folgte ihm sein Sohn Franz II. (1768–1835), der wenig vom liberalen Geist seines Vaters und Onkels Joseph, bei dem er aufgewachsen war, geerbt hatte. Franz verfolgte konsequent eine reaktionäre Politik, die durch die Auseinandersetzung mit Napoleon geprägt war. Zunächst reagierte Franz II. auf die Krönung Napoleons, der sich 1804 selbst zum Kaiser der Franzosen krönte, mit der Ausrufung des Kaisertums Österreich, als dessen erster Kaiser er sich nun „Franz I." nannte. Als jedoch Napoleon seinen Anspruch auf die Krone des Heiligen Römischen Reiches immer deutlicher formulierte, und die Mitglieder des neu gegründeten Rheinbundes aus dem Reichsverband austraten, löste Franz 1806 das Heilige Römische Reich auf. Damit ging die Geschichte des Reiches, das von Karl dem Großen 800 gegründet worden war, nach über 1000 Jahren zu Ende.

Nachdem die Habsburger gegen den Kaiser der Franzosen militärisch nichts ausrichten konnten, Napoleon weite Teile Österreichs erobert und 1805 sowie 1809 sogar Wien besetzt hatte, griffen sie auf ihre altbewährte Heiratspolitik zurück. 1810 heiratete Marie Louise, die Tochter Kaiser Franz, Napoleon, für den diese Verbindung ebenfalls von großer Bedeutung war. Er brauchte dringend einen Thronerben, den ihm seine Frau Joséphine de Beauharnais nicht schenken konnte, und die Verbindung mit der bedeutendsten europäischen Dynastie. Nach der Niederlage Napoleons wurde Wien ab 1814 für ein halbes Jahr zum Zentrum europäischer Politik, als die Regierungsoberhäupter aller Mächte in die Kaiserstadt kamen, um auf dem Wiener Kongress die Grenzen Europas neu zu ziehen. Wien erlebte bei diesem Gipfeltreffen der europäischen Mächte unter der Leitung des mächtigen österreichischen Staatskanzlers Klemens Wenzel Lothar Fürst Metternich glanzvolle Feste, Empfänge und Bälle, die zum Ausspruch führten „Der Kongress tagt nicht, er tanzt". Auch nach dem Kongress bestimmte Metternich, der „Kutscher Europas", weiter die reaktionäre Politik des Wiener Hofes, die nationale und liberale Strömungen konsequent unterdrückte. Als Kaiser Franz 1835 starb, übernahm sein Sohn Ferdinand die Herrschaft.

Oben: Kaiser Franz I./I. mit seiner vierten Frau Karolina Augusta von Bayern, seinem Enkel dem Herzog von Reichstadt, seiner Schwiegertochter Erzherzogin Sophie, seiner Tochter Marie Louise, seinem ältesten Sohn und Nachfolger Ferdinand sowie seinem zweitgeborenen Sohn Erzherzog Franz Karl. Gemälde von Leopold Fertbauer, 1826.

Linke Seite: Als Kaiser des Heiligen Römischen Reiches trug er den Namen Franz II., nach der Auflösung des Reiches 1806 nannte er sich als erster österreichischer Kaiser Franz I. Gemälde von Friedrich Amerling, 1832.

Links: Im Jahre 1810 heiratete Marie Louise Napoleon und wurde Kaiserin der Franzosen. Nach seiner Niederlage verließ sie ihn und ging nach Parma, das ihr im Zuge des Wiener Kongresses als Herzogtum zugesprochen wurde. Nach dem Tod Napoleons heiratete sie noch zwei Mal, bekam noch drei weitere Kinder und starb 1847 in Parma.
Rechts: Der 1811 geborene Sohn Napoleons und Erzherzogin Marie Louises kam nach dem Sturz seines Vaters nach Wien und wuchs bei seinem Großvater Kaiser Franz auf. Er erhielt den Titel Herzog von Reichstadt und starb bereits 1832 mit 21 Jahren an Kehlkopftuberkulose.
Unten: Kaiser Franz II./I. und Napoleon nach der Schlacht von Austerlitz. Gemälde von Antoine-Jean Gros.

Die Habsburger verloren beim Wiener Kongress zwar die südlichen Niederlande (das heutige Belgien), konnten dafür aber mit dem neu geschaffenen Königreich Lombardo-Venetien sowie mit Parma und der Toskana ihre Vormachtstellung in Oberitalien sogar ausbauen.

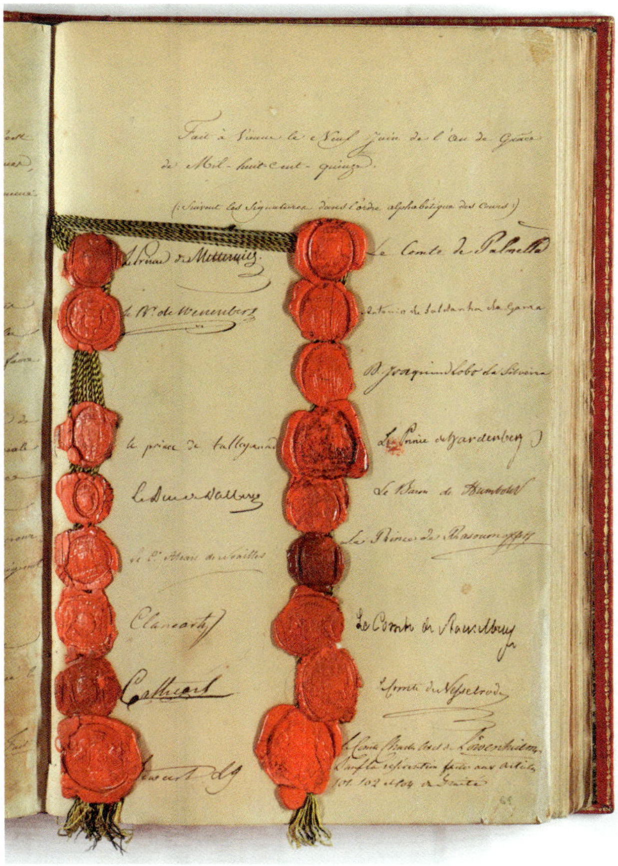

Fait à Vienne le Neuf juin de l'an de Grâce de Mil huit cent quinze.

(Suivent les Signatures dans l'ordre alphabétique des Cours)

Le Prince de Metternich | Le Comte de Palmella
Le Bn de Wessenberg | Antonio de Saldanha da Gama
D. Joaquim Lobo da Silveira
Le Prince de Talleyrand | Le Prince de Hardenberg
Le Duc de Dalberg | Le Baron de Humboldt
Le Cte Alexis de Noailles | Le Prince de Rasoumoffsky
Clancarty | Le Comte de Stackelberg
Cathcart | Le Comte de Nesselrode
Stewart Lt. G. | Le Comte de Loewenhielm

Oben: Erzherzog Karl war der erste Feldherr, dem es 1809 bei Aspern gelang, Napoleon in einer offenen Feldschlacht zu besiegen. Dass Napoleon kurz darauf die Österreicher wieder besiegte und zuvor sogar Wien „erobert" hatte, tat der Popularität des Erzherzogs keinen Abbruch – er erhielt ein imposantes Reiterstandbild auf dem Wiener Heldenplatz.

Links: Die Schlussakte des Wiener Kongresses wurde am 9. Juni 1815 unterzeichnet. Für Österreich unterschrieb Staatskanzler Fürst Metternich, für Frankreich Außenminister Fürst Talleyrand, für Preußen Wilhelm von Humboldt.

Franz I. bei seiner Rückkehr nach Wien nach der Völkerschlacht von Leipzig, Johann Peter Krafft, 1833.

DAS KAISERTUM ÖSTERREICH

Das Kaisertum Österreich wurde im August 1804 von Erzherzog Franz als erbliches nationales Kaiserreich gegründet. Bis zur Auflösung des Heiligen Römischen Reiches im Jahre 1806 trug Franz beide Kaisertitel und nannte sich Franz II./I., danach führte er als Kaiser Franz I. nur noch den österreichischen Kaisertitel. Da die Kaiserwürde erblich war, war eine Krönungszeremonie nicht notwendig, als Insignie wählte man die prunkvolle Hauskrone Kaiser Rudolfs II., die damit zur Österreichischen Kaiserkrone wurde. Als einheitliches Herrschaftsgebilde existierte das österreichische Kaiserreich bis 1867, als es im Zuge des Ausgleichs mit Ungarn zur österreichisch-ungarischen k. u. k. – also kaiserlich und königlichen – Doppelmonarchie umgewandelt wurde.

Als Krone des Kaisertums Österreich fungierte die 1602 von Jan Vermeyen, dem bedeutendsten Goldschmied seiner Zeit, in Prag hergestellte Privatkrone Kaiser Rudolfs II., die er bei offiziellen Anlässen trug. Die Krone des Heiligen Römischen Reiches wurde ausschließlich bei der Krönungszeremonie getragen und sonst der Tradition entsprechend von der Stadt Nürnberg aufbewahrt.

Oben links: Die zweite Tochter Kaiser Franz', Leopoldine, heiratete den portugiesischen Kronprinzen Dom Pedro, dem sie nach Brasilien folgte, wo er zum Kaiser von Brasilien gekrönt wurde. Von ihrem gewalttätigen Ehemann über Jahre hinweg misshandelt, starb sie mit 30 Jahren an einer Fehlgeburt, die durch heftige Tritte ihres Mannes in den Bauch verursacht worden waren.

Oben rechts: Nachfolger Kaiser Franz I. war ab 1835 sein ältester Sohn Ferdinand „der Gütige", der als schwerer Epileptiker regierungsunfähig war. Er überließ die Regierungsgeschäfte ganz seinem Staatskanzler Metternich und dankte schließlich im Zuge der bürgerlichen Revolution 1848 zugunsten seines Neffen Franz Joseph ab. Danach lebte er in Prag, von wo aus er die Güter seines Neffen, des jung verstorbenen Herzogs von Reichstadt, verwaltete und damit ein privates Millionenvermögen erwirtschaftete, das er seinem Neffen und Nachfolger Franz Joseph vererbte.

Rechts: Der jüngere Bruder Kaiser Franz II./I. war einer der begabtesten Habsburger. Er unterstützte die liberalen Kräfte im Land und wurde im Zuge der Bürgerlichen Revolution 1848 von der Frankfurter Nationalversammlung zum Reichsverweser und damit zum ersten von einem Parlament gewählten Staatsoberhaupt gewählt. Nach dem Scheitern der Revolution legte er sein Amt jedoch 1849 wieder nieder. Nach jahrelangem Kampf erhielt er von seinem kaiserlichen Bruder die Genehmigung seine große Liebe, die Postmeistertochter Anna Plochl, zu heiraten. Er lebte in der Steiermark, wo er durch die Modernisierung der Industrie, Förderung des Eisenbahnwesens, aber auch des Kultur- und Bildungsbereiches für einen enormen wirtschaftlichen Aufschwung sorgte.

FRANZ JOSEPH I.
VIRIBUS UNITIS

Als Franz Joseph (1830–1916) geboren wurde, stand noch keineswegs fest, dass er eines Tages Kaiser von Österreich und damit Regent des zweitgrößten Landes Europas nach Russland mit 52 Millionen Einwohnern werden sollte. Seine ehrgeizige Mutter Erzherzogin Sophie hoffte jedoch, dass ihr Sohn Nachfolger des kranken Kaisers Ferdinand I. werden würde, und bereitete Franz Joseph gewissenhaft auf diese Aufgabe vor. So wurde „Franzi" von frühester Kindheit an geradezu zum Kaiser „dressiert" und fügte sich den Plänen seiner Mutter. Als Ferdinand schließlich im Zuge der Bürgerlichen Revolution 1848 abdanken musste, hatte Sophie ihr Ziel erreicht. Ihr Gemahl und jüngerer Bruder des Kaisers, Erzherzog Franz Karl, verzichtete auf den Thron und ihr Sohn Franz Joseph wurde mit 18 Jahren Kaiser von Österreich. Der Beginn seiner Regierung war von kriegerischen Auseinandersetzungen geprägt. So ließ Franz Joseph zunächst den Aufstand der Ungarn brutal niederschlagen, was ihm erst mit Hilfe des russischen Zaren Alexander II. gelang und ihn in Ungarn äußerst unbeliebt machte. 1859 ging im Krieg gegen Frankreich die Lombardei und nach der Niederlage der Habsburger in der Schlacht bei Königgrätz gegen Preußen schließlich nicht nur die Vormachtstellung im Deutschen Bund, sondern auch die letzte italienische Provinz – Venetien – verloren. Diese Schwächung führte zu Verhandlungen mit Ungarn und endete 1867 im von Ungarn geforderten Ausgleich, der die österreichisch-ungarische Doppelmonarchie begründete. Franz Joseph regierte eine Vielvölkermonarchie, deren Staatsgebiet die Territorien der heutigen Staaten Österreich, Ungarn, Tschechien, Slowakei, Slowenien, Kroatien, Bosnien-Herzegowina sowie Teile des heutigen Polen, der Ukraine, Rumäniens, Montenegros, Serbiens sowie Oberitaliens umfasste, ein Reich, in dem zehn Sprachen gesprochen wurden und in dem der aufkommende Nationalismus zunehmend Sorgen bereitete. Kaiser Franz Joseph prägte zwar die Geschichte Europas dieser Epoche, dennoch profilierte er sich nicht als einer der politisch bedeutendsten Monarchen – im Gegenteil. Seine Regierungszeit war durch Festhalten an Althergebrachtem und bürokratische Pflichterfüllung gekennzeichnet. Zu seiner großen Popularität trug vor allem seine lange Regierungszeit bei – Franz Joseph starb 1916 nach 68-jähriger Regierungszeit mit 86 Jahren.

Oben: Das Wappen der 1867 geschaffenen österreichisch-ungarischen Doppelmonarchie.
Linke Seite: Kaiser Franz Joseph in Galauniform, Franz Xaver Winterhalter, 1865.

Linke Seite links: Erzherzogin Sophie, die dafür gekämpft hatte, dass ihr Sohn Franz Joseph Kaiser wurde, blieb bis zu ihrem Tod 1872 seine engste Vertraute und wichtigste politische Ratgeberin.
Linke Seite rechts: Der junge Erzherzog Franz Joseph mit seinen Brüdern Ferdinand Max, dem späteren Kaiser von Mexiko, und Karl Ludwig.
Linke Seite unten: Die Kaiserliche Familie auf der Schönbrunner Schlossterrasse. Das einzig originale Foto der kaiserlichen Familie zeigt vorne sitzend Kaiserin Elisabeth mit ihren Kindern Gisela und Rudolf, daneben Erzherzogin Sophie, dahinter stehend Kaiser Franz Joseph mit seinen Brüdern Ferdinand Max mit seiner Frau Charlotte, Ludwig Viktor und Karl Ludwig, daneben sitzend sein Vater Franz Karl.

Rechts: Am 2. Dezember 1848 ging Erzherzogin Sophies Lebensziel in Erfüllung: ihr Sohn Franz Joseph wurde österreichischer Kaiser.
Unten: Ausfahrt des Brautpaares Franz Joseph und Elisabeth am Tag ihrer Verlobung am 19. August 1853, in der Umgebung von Bad Ischl, Gottlieb Prestl, um 1855.

DIE ÖSTERREICHISCH-UNGARISCHE DOPPELMONARCHIE

Durch den Ausgleich mit Ungarn wurde 1867 die Monarchie Österreich-Ungarn begründet, die auch „k. u. k. Monarchie“ für „kaiserlich und königlich“ genannt wird. Die Doppelmonarchie bestand aus dem kaiserlichen Cisleithanien, wie Österreich offiziell bis 1915 hieß, und dem königlich ungarischen Transleithanien – benannt nach dem Leithagebirge, das die Grenze bildete. Staatsoberhaupt war in Personalunion der Kaiser von Österreich und apostolische König von Ungarn, der auch die gemeinsame Außen-, Finanz- sowie Kriegspolitik leitete. Alle übrigen Bereiche wurden vom unabhängigen ungarischen Reichstag bestimmt.

Unten: Am 8. Juni 1867 wurde Franz Joseph in der Matthiaskirche auf dem Budapester Burghügel zum König von Ungarn gekrönt.
Rechts: Behälter der ungarischen Krönungserde. Dem Zeremoniell entsprechend wurde zur Krönung des Königs von Ungarn aus allen Komitaten des Landes Erde in vergoldeten Messingbehältern nach Budapest gebracht und damit der Krönungshügel aufgeschüttet, auf den der König im Zuge des Krönungszeremoniell hinaufritt und mit den symbolischen Schwertstreichen in alle Himmelsrichtungen gelobte, das Land gegen alle Feinde zu verteidigen.

Links: Elisabeth mischte sich nur einmal in die Regierungsgeschäfte ihres Mannes, um sich für Ungarn einzusetzen. Die Ungarn würdigten die Unterstützung durch die Kaiserin, indem sie sie gemeinsam mit Franz Joseph zur ungarischen Königin krönten und bereits zu Lebzeiten verehrten.
Rechts: Kaiser Franz Joseph in ungarischer Adjustierung.
Unten: Schloss Gödöllö nordöstlich von Budapest wurde dem Kaiserpaar anlässlich ihrer ungarischen Königskrönung von der ungarischen Nation geschenkt. Das Schloss wurde zu einer der Lieblingsresidenzen Kaiserin Elisabeths.

KAISERLICHER ALLTAG – DIE KAISERAPPARTEMENTS

Linke Seite oben: Kaiser Franz Joseph fühlte sich immer als erster Beamter seines Staates, Pflichterfüllung war Zeit seines Lebens oberste Priorität. Sein Arbeitstag begann täglich um halb vier Uhr früh. Nach einem kurzen Morgengebet verrichtete er seine Toilette in seinem Schlafzimmer an einem einfachen hölzernen Waschtisch sowie einem Bad in einer Gummibadewanne, die extra hereingetragen wurde, da Franz Joseph ein eigenes Badezimmer als überflüssigen Luxus ablehnte.

Linke Seite unten: Der Kaiser begann seinen Arbeitstag jeden Tag kurz nach 4 Uhr früh an seinem Schreibtisch, wo er begann, die vorbereiteten Akten aufzuarbeiten. Die Arbeit wurde nur von einem kurzen Mittagessen unterbrochen, das er direkt an seinem Schreibtisch einnahm, um keine Zeit zu verlieren. Vor seinem Schreibtisch stand das Lieblingsporträt seiner geliebten Frau Kaiserin Elisabeth.

Rechts: Am frühen Abend fanden die Familiendiners statt, zu denen die in Wien weilenden Familienmitglieder und Ehrengäste geladen waren. Selbst die Familientafeln folgten einem strengen Zeremoniell, so war nur das Sprechen mit den Sitznachbarn erlaubt, niemals durfte man sich über den Tisch unterhalten. Das Essen wurde in gewärmten Kisten von der Hofküche in die Appartements transportiert und in einem Nebenraum angerichtet. Ein Diner bestand zumeist aus 9–12 Gängen und dauerte in der Regel eine knappe Stunde.

Unten: Im Fasching fanden in der Hofburg glanzvolle Hofbälle statt, zu denen die Aristokratie, Diplomaten, Politiker und Künstler geladen waren. Als Hofkapellmeister dirigierte der „Walzerkönig" Johann Strauß das Orchester und spielte seine beliebten Walzerkompositionen.

Für Franz Joseph war die Kaiservilla in Bad Ischl Zeit seines Lebens „irdischer Himmel", wohin er jeden Sommer, wie er es selbst formulierte, „aus der papierenen Schreibtischexistenz mit ihren Sorgen und Mühen" flüchten konnte. Hier feierte die kaiserliche Familie auch jedes Jahr am 18. August Franz Josephs Geburtstag.

Franz Josephs größte Leidenschaft war die Jagd, bei der er sich in der Natur entspannen konnte. Doch er war kein Trophäensammler, sondern echter Waidmann. Er liebte es auf die Pirsch zu gehen und bewältigte bis ins hohe Alter den oft bis zu eineinhalb Stunden langen Anmarsch zu den Hochständen und trug dabei auch immer sein Gewehr selbst.

Oben: Kaiser Franz Joseph mit seinen Enkeln bei der Osterbescherung. So streng Franz Joseph als Vater war, so rührend bemüht war er als Großvater. Vor allem mit den Kindern seiner Tochter Marie Valerie verbrachte er viel Zeit auf Schloss Wallsee in Niederösterreich. Er liebte die Rolle des „Opapas", wie ihn die Kinder nannten und spielte stundenlang mit ihnen. „Die Kinder sind seine größte Freude – er rollte sich sogar am Boden, Ella zulieb" notierte seine Tochter in ihrem Tagebuch.

Rechts: Franz Josephs einziges Laster war das Rauchen. Damit ihm der Zigarrenrauch nicht störte, verwendete er eine Zigarrenspitze aus Meerschaum.

Unten: Zu den wenigen privaten Stunden am Tag zählte in den späten Jahren ein täglicher Besuch bei seiner langjährigen Freundin und Vertrauten Katharina Schratt. Die Burgschauspielerin war mit ihrer humorvollen und herzlichen Art sowohl bei Hof als auch in der Familie bald als „die Freundin" akzeptiert und anerkannt. Immerhin hatte Kaiserin Elisabeth selbst sie dem Kaiser vorgestellt und als Vorleserin für ihn engagiert. Sie wusste ihren Gemahl bei der fröhlichen Schauspielerin in guten Händen und hatte sich damit ein weiteres Stück Unabhängigkeit gesichert.

KAISERIN ELISABETH
NICHT SOLL TITANIA UNTER MENSCHEN GEHEN

Elisabeth (1837–1898), die am 24. April 1854 mit knapp 16 Jahren ihren Cousin Kaiser Franz Joseph geheiratet hatte, fühlte sich vom ersten Tag an unwohl in ihrer Rolle als Kaiserin von Österreich. Zunächst versuchte sie noch die in sie gesetzten Erwartungen zu erfüllen, ihre Pflichten als Kaiserin waren ihr jedoch von Beginn an unangenehm, Repräsentation sowie das sehr strenge Hofzeremoniell zunehmend lästig und sie verabscheute die starren hierarchischen Strukturen und Intrigen des Wiener Hofes. Bei repräsentativen Auftritten fühlte sie sich nach eigenen Worten vorgeführt wie ein Pferd „im Geschirr". Doch Elisabeth, die in der Familie „Sisi" genannt wurde, lernte mit der Zeit, sich gegen den verhassten Wiener Hof durchzusetzen. Die schöne Kaiserin erkannte die Macht ihrer Schönheit, nutzte sie für ihre persönlichen Interessen und führte schließlich ein Leben, das allein ihren Vorstellungen entsprach. Elisabeth war außergewöhnlich sportlich und avancierte zu einer der besten Parforcereiterinnen ihrer Zeit. Sie unternahm ausgedehnte Reisen, wobei sie vor allem Schiffsreisen liebte, bei denen sie den Elementen ausgesetzt war. Doch obwohl sie ihr Leben frei gestalten konnte und alles andere als in einem goldenen Käfig gefangen war, wurde sie nicht glücklich. Sie weigerte sich zwar, die vom Hof auferlegten, traditionellen Pflichten als Frau, Mutter und Kaiserin zu erfüllen, suchte sich jedoch keine andere Aufgabe. Mit zunehmendem Alter zog sich die Kaiserin immer mehr in sich zurück, wurde menschenscheu und unnahbar. Sie schrieb melancholische Gedichte, identifizierte sich mit der Feenkönigin Titania aus Shakespeares „Sommernachtstraum" und dichtete: „Nicht soll Titania unter Menschen gehen in diese Welt, wo niemand sie versteht". Nach dem Selbstmord ihres Sohnes trug sie nur mehr schwarz und die meisten Menschen erlebten Elisabeth nur noch als schwarze Silhouette in der Ferne. Depressionen und Todesgedanken nahmen sie zunehmend gefangen. Am 10. September 1898 wurde Elisabeth vom italienischen Anarchisten Luigi Lucheni in Genf ermordet. Als Kaiser Franz Joseph von seinem Flügeladjutanten Graf Paar die Nachricht vom Tod seiner Frau erhielt, waren seine einzigen Worte: „Sie wissen nicht, was mir diese Frau war."

Da sich Elisabeth sehr früh ihrer öffentlichen Rolle als Kaiserin entzog und repräsentative Auftritte mied, stand sie auch nicht im Mittelpunkt des öffentlichen Interesses. Kaiser Franz Joseph nahm hier eine weitaus wichtigere Rolle ein. Der „gute alte Kaiser" war in den Herzen der Bevölkerung verankert – ihm galten die Sympathien. Die Situation änderte sich jedoch schlagartig, als man nach Elisabeths Ermordung das „Marketingpotential" der schönen, geheimnisvollen und vor allem tragisch ums Leben gekommenen Kaiserin erkannte. So wurde Elisabeth posthum zur verehrten, selbstlosen und volksnahen Kaiserin stilisiert. Eine kritische Auseinandersetzung mit ihrer ambivalenten Persönlichkeit, ihrer Egozentrik und Egomanie, wurde völ-

Oben: Um fit und schlank zu bleiben trainierte die sportliche Kaiserin täglich in ihrem Toilettezimmer, das gleichzeitig als Turnzimmer fungierte.
Linke Seite: Kaiserin Elisabeth in Hofgala mit den berühmten Diamantsternen im Haar, Franz Xaver Winterhalter 1865.

lig ausgeklammert und damit ein verfälschtes Bild weitergegeben. Mit der „Sissi“-Trilogie Ernst Marischkas in den 1950er-Jahren wurde Elisabeth schließlich zur weltweit bekannten und verehrten „Sissi“. Dazu trug vor allem Romy Schneider bei, die bis heute das Bild der jungen, herzlichen und ungezwungenen „Sissi“ prägt, das jedoch nur in wenigen Zügen mit der tatsächlichen Persönlichkeit der Kaiserin Elisabeth übereinstimmt.

Unten: Kaiserin Elisabeth galt als eine der schönsten Frauen ihrer Zeit und war sich dessen auch durchaus bewusst. Besonders stolz war sie auf ihr knielanges Haar, das täglich zwei Stunden frisiert wurde.

Linke Seite
Oben links: Elisabeth als junge Kaiserin, Anton Einsle, um 1855.
Oben rechts: Elisabeth war stolz auf ihre schlanke Gestalt, die allerdings nicht dem Schönheitsideal der damaligen Zeit entsprach, das rundere und üppiger Formen bevorzugte. Großen Wert legte sie vor allem darauf ihre Taille von 51 cm zu betonen.
Unten: Elisabeth profilierte sich als eine der besten Reiterinnen ihrer Zeit. Nach jahrelangem hartem Training gelang es ihr, als einzige Frau nicht nur bei den gefährlichen Parforcejagden in England und Irland teilnehmen zu können, sondern diese sogar zu gewinnen.

Links: Elisabeth auf Korfu. Posthumes Porträt von Friedrich August von Kaulbach, nach 1898.
Rechte Seite: Elisabeth liebte nicht nur Homer und die griechische Mythologie, sondern generell die Kultur des antiken Griechenlands. So ließ sie sich auch auf der griechischen Insel Korfu das Achilleion erbauen – ein palastartiges Refugium, das nach ihrem Lieblingshelden der griechischen Mythologie benannt war. Kaum war es fertig gestellt, fühlte sich die rastlose Kaiserin jedoch damit belastet und verkaufte es wieder.

Rechte Seite unten links: Elisabeth mit ihrer Hofdame Irma Sztáray am 3. September 1898 in Genf. Letzte Fotografie der Kaiserin vor ihrem Tod.
Rechte Seite unten rechts: Elisabeth wurde mit 60 Jahren Opfer des italienischen Anarchisten Luigi Lucheni, der die Kaiserin am 10. September 1898 in Genf auf dem Weg zur Schiffsanlegestelle mit einer Feile erstach.

ASSERIE
BILLARD
CAFÉ

KRONPRINZ RUDOLF
ICH SEHE DIE SCHIEFE EBENE, AUF DER WIR ABWÄRTSGLEITEN

Kronprinz Rudolf (1858–1889), der einzige Sohn des Kaiserpaars, war seiner Mutter als Kind in vielem ähnlich. Er war vielseitig interessiert, wissbegierig und sensibel. Um den kleinen Thronfolger für seine zukünftige Rolle abzuhärten und auf seine soldatische Laufbahn vorzubereiten, wurde dem Sechsjährigen eine streng militärische Erziehung verordnet, die aus dem empfindsamen Rudolf ein verängstigtes, nervöses und kränkliches Kind machte und entscheidenden Einfluss auf sein späteres Leben hatte. So verordnet sein Erzieher Graf Gondrecourt ohne jegliches pädagogische Gespür drakonische Maßnahmen wie Kaltwasserkuren, stundenlanges Exerzieren des Siebenjährigen bei Kälte und Regen, nächtliches Wecken durch Pistolenschüsse und ähnliches. Franz Joseph liebte seinen Sohn, fand ihn aber verweichlicht und war der fixen Überzeugung, dass Rudolf der militärische Drill gut tun würde. Elisabeth, die in den ersten Lebensjahren Rudolfs meist auf Reisen war und daher in dieser Zeit nur brieflichen Kontakt zu den Kindern hatte, war ahnungslos. Als sie Rudolf jedoch 1865 nach langer Abwesenheit wiedersah, war sie dermaßen erschrocken über den Zustand ihres verängstigten und nervösen Sohnes, dass sie Franz Joseph ein Ultimatum stellte und verlangte Rudolfs Erzieher auszutauschen. Franz Joseph gab nach und Elisabeth bestellte in der Folge Graf Latour zum neuen Erzieher. Durch Latour erhielt Rudolf eine bürgerlich-liberal geprägte Ausbildung, die ihn zu einem aufgeschlossenen, interessierten Mann machte, der den aristokratischen Lebensstil verachtete. Sein privates Umfeld bestand in erster Linie aus liberalen Intellektuellen und Wissenschaftern, wofür er vom konservativen und klerikal geprägten Wiener Hof hart attackiert wurde und sich politisch einflussreiche Kreise zu Feinden machte. Rudolf beklagte die isolierte Stellung des Kaisers, der sich nur auf die Berichte seiner Berater verließ, und sogar nur ausgewählte Zeitungsartikel zu lesen bekam. Rudolfs politische Anschauungen standen immer mehr in krassem Gegensatz zur offiziellen Politik des Hofes und zwangen ihn zu einem Leben voller Heimlichkeiten. Seine politische Korrespondenz verschlüsselte er mittels Chiffriereinrichtung, seine politischen Artikel veröffentlichte er anonym. Rudolf führte einen jahrelangen Kampf um eine Aufgabe, die seinen Fähigkeiten entsprach, wurde aber Zeit seines Lebens von seinem Vater ignoriert. Franz Joseph traute seinem Sohn nichts zu und ließ ihn das schmerzlich spüren. 1881 heiratete der Kronprinz Stephanie von Belgien, zwei Jahre danach wurde ihre Tochter Elisabeth, „Erzsi“ geboren. Die anfangs bemüht harmonische Ehe wurde jedoch über die Jahre durch die unterschiedliche persönliche Entwicklung der beiden sowie zunehmende Ausschweifungen des Kronprinzen bedroht und scheiterte nicht zuletzt auch daran, dass er seine Frau mit der Geschlechtskrankheit Gonorrhoe (Tripper) ansteckte und sie danach keine Kinder mehr bekommen konnte. Ab 1888

Oben: Das Kaiserpaar mit dem Kronprinzenpaar im Schlosspark von Laxenburg bei Wien, Carl Schweninger, 1887.
Linke Seite: Kronprinz Rudolf im Jagdkostüm, Fotografie um 1887.

verschlechterte sich Rudolfs Gemütszustand dramatisch. Sein gescheiterter Kampf um Anerkennung durch seinen Vater, seine gescheiterte Ehe und zahlreiche Liebesabenteuer hatten aus dem 30-jährigen Rudolf einen verzweifelten und resignierten Menschen gemacht. An seinen Vertrauten Graf Latour schrieb er „Ich sehe die schiefe Ebene, auf der wir abwärtsgleiten, stehe den Dingen sehr nahe, kann aber in keiner Weise etwas thun, darf nicht einmal laut reden, das sagen, was ich fühle und glaube." Am 30. Jänner 1889 erschoss sich Rudolf mit seiner letzten Geliebten, der siebzehnjährigen Baronesse Mary Vetsera, die bereit war, mit ihm in den Tod zu gehen, im Jagdschloss Mayerling.

Oben: Kaiserin Elisabeth mit ihren Kindern Gisela sowie dem neugeborenen Rudolf, Aquarell von Joseph Kriehuber.
Links: Der zweijährige Rudolf mit seinem Spielhund.

Unten links: Kaiser Franz Joseph mit seinen Kindern Gisela und Rudolf.
Unten rechts: Durch seinen Erzieher Joseph Graf Latour erhielt Kronprinz Rudolf als erster Habsburger eine bürgerlich-liberale Erziehung und wissenschaftlich orientierte Ausbildung. Gemälde von Heinrich von Angeli, 1885.

Oben: Das Jagdschloss in Mayerling: In den frühen Morgenstunden des 30. Jänner 1889 erschoss Rudolf hier zunächst Mary Vetsera und anschließend sich selbst. Da es ein Geheimnis bleiben sollte, dass ein junges Mädchen mit dem Kronprinzen gestorben war, musste Marys Familie den Leichnam ihrer Tochter unter menschenunwürdigen Umständen heimlich aus Mayerling wegbringen.
Links: Die siebzehnjährige Baronesse Mary Vetsera war die letzte Geliebte des Kronprinzen. Der Mord und Selbstmord war jedoch keine Liebesgeschichte – Rudolf wollte nicht allein sterben und hatte in der schwärmerischen und verliebten Mary den Menschen gefunden, der bereit war, mit ihm in den Tod zu gehen.
Unten: Dass Rudolf ermordet wurde, ist allein durch das Vorhandensein der datierten Abschiedsbriefe auszuschließen, das Foto des aufgebahrten Kronprinzen belegt auch die tödliche Kopfverletzung durch einen Pistolenschuss.

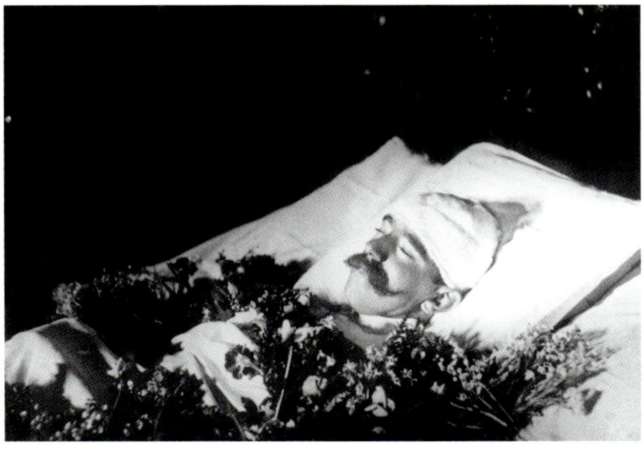

Adéle
(FÖRSTE
WIEN.I. GRABE

Nach dem tragischen Selbstmord des Kronprinzen Rudolf wurde Franz Josephs Neffe Franz Ferdinand (1863–1914) zum Thronfolger ernannt. Der älteste Sohn Erzherzog Karl Ludwigs galt als energisch und direkt, gleichzeitig aber als äußerst konservativ und einseitig und war daher sowohl in Hofkreisen als auch in der Bevölkerung nicht beliebt. Selbst mit Franz Joseph hatte er immer wieder Meinungsverschiedenheiten und als sich Franz Ferdinand 1894 in Sophie Gräfin Chotek verliebte, verschlechterte sich sein Verhältnis zum Kaiser noch mehr. Denn Sophie entstammte zwar altem, aber nicht hohem Adel, galt damit als nicht ebenbürtig und Franz Joseph verweigerte seine Zustimmung zu dieser Ehe. Doch Franz Ferdinand kämpfte um seine Liebe und setzte schließlich im Jahre 1900 die Heirat durch, nachdem er einer morganatischen Ehe zugestimmt hatte, deren Nachkommen von der Thronfolge ausgeschlossen waren. Politisch setzte sich der Thronfolger, der aus seiner antiungarischen und protschechischen Einstellung keinen Hehl machte und daher von vielen Seiten angefeindet wurde, gegen die aggressive expansionistische Balkanpolitik des Hofes und für die Erhaltung des Friedens ein. Zu Unrecht galt er daher in der Öffentlichkeit als Verfechter einer antiserbischen Politik und zog damit den Hass der antihabsburgischen südslawischen Nationalisten auf sich. Im Juni 1914 leitete er gegen alle Warnungen die Truppenübungen und Manöver an der bosnisch-serbischen Grenze. Bei einer Autofahrt durch Sarajevo wurde der Thronfolger gemeinsam mit seiner Frau, die ihn auf dieser Reise begleitete, am 28. Juni vom bosnischen Nationalisten Gavrilo Princip, einem Studenten, erschossen. Das tödliche Attentat auf das Thronfolgerpaar hatte dramatische Auswirkungen. Kaiser Franz Joseph unterzeichnete von seinen politischen Beratern und Militärs bedrängt ein Ultimatum an Serbien, das einer Kriegserklärung gleich kam. Franz Joseph führte damit die Doppelmonarchie in einen Weltkrieg, der den Zusammenbruch seines Reiches bringen und beinahe zehn Millionen Menschen das Leben kosten sollte.

Links: Das Auto in dem das Thronfolgerpaar erschossen wurde, zeigt auch die Spuren des Bombenattentats, das eine Stunde vor dem tödlichen Schussattentat stattgefunden hatte – die Attentäter hatten das Auto mit einer Bombe beworfen, jedoch vorerst ihr Ziel verfehlt.
Rechts: Der Waffenrock des ermordeten Thronfolgers.
Linke Seite: Franz Ferdinand führte mit Sophie eine glückliche Ehe, der drei Kinder – Sophie, Maximilian und Ernst – entstammten. In Wien lebte die Familie im Schloss Belvedere, den Sommer verbrachten sie auf Schloss Konopiště in Böhmen sowie dem Familiensitz Schloss Artstetten in der Wachau.

KARL I.
DAS ENDE DER MONARCHIE

Nach dem Tod des Thronfolgers Franz Ferdinand war ein Großneffe Kaiser Franz Josephs zum neuen Thronfolger bestimmt worden. Als Karl (1887–1922) nach dem Tod Franz Josephs im November 1916 Kaiser wurde, hatte Österreich mehr oder weniger alle Kriegsziele erreicht. Serbien war besiegt, Russland kurz darauf durch die Revolution so geschwächt, dass es kein ernsthafter Gegner mehr war und die USA waren noch nicht in den Krieg eingetreten. Auch Karls Berater waren überzeugt, dass dringend Frieden geschlossen werden müsse, da nicht nur die Situation günstig war, sondern sich auch ein großes Nachschubproblem abzeichnete, die größte Gefahr in sich barg. Doch Karl unternahm nichts, sondern führte den Krieg entschlossen weiter. Auch mit unerlaubten Mitteln. Denn die 12. Isonzoschlacht, die am 24. Oktober 1917 mit Unterstützung deutscher Truppen begann, konnte nur durch den massiven Einsatz von Giftgas gewonnen werden. Den letzten Rest seiner Glaubwürdigkeit vor der Weltöffentlichkeit und seinem Bündnispartner Deutschland büßte er ein, als seine Geheimverhandlungen über einen Separatfrieden für die k.u.k. Monarchie bekannt wurden. Ob hinter seinem Bemühen allgemeiner Friedenswille oder der Versuch der Rettung der Monarchie standen, sei dahingestellt. Im März und Mai 1917 hatte er jedenfalls über seinen Schwager Sixtus von Bourbon-Parma hinter dem Rücken des deutschen Bündnispartners den Kriegsgegnern ein geheimes Friedensangebot unterbreitet. Die Verhandlungen scheiterten, und im Frühjahr 1918 folgte der Eklat, als Frankreich – provoziert vom österreichischen Außenminister Ottokar Czernin – die geheimen Briefe, die als Sixtus-Briefe in die Geschichte eingingen, veröffentlichte. Karl leugnete zunächst noch seine Urheberschaft, als sie jedoch bewiesen werden konnte, stand er als Lügner und Verräter da. Die Folge war ein Canossagang nach Spa, mit dem Karl die Monarchie endgültig dem Deutschen Reich auslieferte und damit nicht nur letzten Handlungsspielraum, sondern vor allem die Achtung der Alliierten verlor. Das Ende des Ersten Weltkriegs im November 1918 bedeutete auch das Ende der Monarchie und damit der Herrschaft der Habsburger. Die ehemaligen Kronländer bildeten eigene Nationalstaaten und Karl unterzeichnete schließlich zwar den Verzicht auf die Regierungsgeschäfte, weigerte sich jedoch abzudanken und musste daher mit seiner Familie ins Exil in die Schweiz gehen. Nachdem der von dort aus zweimal versuchte, die Monarchie in Ungarn wiederherzustellen, wurde er ins Exil nach Madeira geschickt, wo er 1922 an der Spanischen Grippe starb.

Oben: Kaiser Karl während des Ersten Weltkrieges in der Uniform eines Kaiserschützen.
Linke Seite: Kaiser Karl I. wurde 2004 durch Papst Johannes Paul II. selig gesprochen.

Am 21. Oktober 1911 heiratete Karl Zita von Bourbon-Parma in Schloss Schwarzau am Steinfeld. Die Hochzeit war das letzte glanzvolle Familienfest zu Lebzeiten Kaiser Franz Josephs, der auch die Festrede hielt. Zita war eine ehrgeizige und zielstrebige Frau, die auch bald eine bedeutende

politische Rolle spielte. Sie fungierte als wichtigste Ratgeberin ihres Mannes, der mit seiner Rolle als Kaiser überfordert war, und war bei allen Besprechungen und Entscheidungen dabei.

EPILOG
DIE HABSBURGER NACH 1918

Kaiser Karl I. musste zwar aufgrund seiner Weigerung abzudanken und die Republik Österreich anzuerkennen mit seiner Familie ins Exil gehen, die übrigen Mitglieder der kaiserlichen Familie – in erster Linie die direkten Nachkommen Kaiser Franz Josephs – verzichteten auf ihre Herrschaftsansprüche und konnten daher unter Beibehaltung ihres Privatvermögens in Österreich verbleiben. Dem Friedensvertrag von St. Germain folgend, wurde zwischen privatem und staatlichem Besitz unterschieden, wobei das „freie und persönliche Privatvermögen des ehemaligen Kaisers und der Mitglieder des kaiserlichen Hauses" unangetastet blieb, während das Eigentum, das die Habsburger in ihrer Funktion als Herrscher besaßen (der so genannte „hofärarische" Besitz), an die Republik überging. Die Enteignung der Habsburger betraf also das Vermögen des auf Franz Stephan von Lothringen zurückgehenden Familienversorgungsfonds, der als hofärarischer Besitz definiert wurde und im Vertrag von St. Germain den Nachfolgestaaten sowie der Republik Österreich zugesprochen wurde. Durch ihre Verzichtserklärung blieb das beträchtliche private Vermögen Kaiser Franz Josephs das er seinen Töchtern und Enkeln vererbt hatte, in deren Besitz und sie konnten unter Beibehaltung ihres Privatvermögens – zahlreicher Schlösser, Güter und Landbesitz – in Österreich verbleiben. Mit der Familie der jüngsten Kaisertochter Marie Valerie leben heute die meisten direkten Nachkommen Kaiser Franz Josephs nach wie vor in Österreich, ebenso die Nachfahren seines Sohnes Kronprinz Rudolf, die Familie Windisch-Graetz. Insgesamt leben heute weltweit über 300 Habsburger. Das älteste Familienmitglied, Dr. Otto von Habsburg-Lothringen, Sohn des letzten Kaisers Karl I., lebte in Pöcking am Starnberger See in Deutschland und war viele Jahre Abgeordneter der CSU im Europaparlament. Nachdem er 1961 die Verzichtserklärung unterzeichnet hatte, konnte er wieder in Österreich einreisen und erhielt neben der deutschen die österreichische Staatsbürgerschaft. Familienoberhaupt ist seit 2007 sein ältester Sohn Karl Habsburg-Lothringen, der als Präsident der Paneuropabewegung in Salzburg lebt. Karls jüngerer Bruder Georg, der in Budapest lebt, engagierte sich für den Beitritt Ungarns zur Europäischen Union und ist Präsident des ungarischen Roten Kreuzes. Politisch sind die meisten Habsburger heute nicht mehr aktiv, viele sind in internationalen Organisationen engagiert, arbeiten als Künstler und PR-Berater, nur die jüngste Tochter Otto von Habsburgs, Walburga Habsburg-Douglas, folgte ihrem Vater als Politikerin und ist Abgeordnete des schwedischen Reichstags. Otto von Habsburg-Lothringen starb 98-jährig am 4. Juli 2011 in seinem Haus in Pöcking.

Oben: Otto von Habsburg-Lothringen war viele Jahre Abgeordneter des deutschen CSU im Europäischen Parlament und lebte in Pöcking am Starnberger See.
Linke Seite oben: Das letzte österreichische Kaiserpaar hatte acht Kinder. Der 1912 geborene Erzherzog Otto unterschrieb 1961 die Verzichtserklärung und konnte daher wieder nach Österreich einreisen.
Linke Seite unten: Otto von Habsburg-Lothringen mit seiner Frau Nancy Regina (gestorben 2010) und drei ihrer sieben Kinder. Die sterblichen Überreste des Kaisersohns und seiner Gattin wurden in der Kapuzinergruft beigesetzt.

Bildnachweis

Willfried Gredler-Oxenbauer: 1, 2/3, 4, 5, 13, 18, 19, 37, 44/45, 46/47, 55 (unten), 65 (unten rechts), 66 (unten); Gerhard Trumler: 20, 24 (oben), 40 (unten), 41, 52, 53 (unten), 76 (oben); Österreichisches Staatsarchiv, Haus-, Hof- und Staatsarchiv: 6/7, 15 (unten), 17, 21, 22 (oben), 43, 58, 65 (oben und unten links), 67, 71 (oben), 84, 86 (Mitte), 88, 90, 91, 94; Kaiserhaussammlung Plachutta: 24 (unten), 51 (oben), 67 (oben rechts), 67 (unten), 69, 70 (oben rechts), 72, 73 (rechts), 76 (unten), 77 (unten links), 86 (oben), 95; IMAGNO/Austrian Archives: 8, 14, 15 (oben), 16, 36, 38 (unten), 42, 57 (oben rechts und unten), 61 (oben), 70 (oben links und unten), 73 (oben links), 77 (oben und unten rechts), 80, 83 (links unten), 85, 86 (unten links), 87 (oben und unten rechts); IMAGNO/Schloss Schönbrunn Kultur- und Betriebsges. m. b. H.: 50, 51 (unten), 54, 55 (oben), 60, 61 (unten), 64 (oben rechts), 66 (oben), 67 (oben links), 79, 81; Photo Archiv Lessing/Schloss Schönbrunn Kultur- und Betriebsges. m. b. H.: 49; Akg-images, Berlin: 40 (oben); Kunsthistorisches Museum Wien: 23, 25, 26, 30, 32, 33 (oben), 34/35, 38 (oben links), 53 (oben); Bundesmobilienverwaltung, Wien: 82, 86 (unten rechts); Heeresgeschichtliches Museum, Wien: 89 (rechts); Wien Museum: 39 (oben und unten links), 75 (unten); Bildarchiv der Österreichischen Nationalbibliothek: 10/11; Österreichische Galerie Belvedere: 11 (unten rechts); © Stift Geras: 38 (oben rechts); Erzbischöfliches Dom- und Diözesanmuseum, Wien: 12; British Library: 27; Panstwowe Zbiory Sztuki, Kraków: 39 (rechts); Library of Congress: 92/93; Bildarchiv Preußischer Kulturbesitz: 33 (unten); Wikimedia Commons: 9, 11 (rechts oben), 22 (unten), 28 (oben), 29 (oben und unten), 31, 48, 56, 57 (oben links), 59, 63, 64 (links oben und unten), 73 (unten), 82 (oben), 89 (links); Archiv Pichler Verlag: 83 (unten rechts)

Die Autorin

Katrin Unterreiner war bis 2007 wissenschaftliche Leiterin der Kaiserappartements der Wiener Hofburg und Kuratorin des Sisi Museums. Ausstellungen (u. a. „Kronprinz Rudolf" und „Kaiserin Elisabeth. Mythos und Wahrheit") sowie Autorin zahlreicher Habsburgerbiografien sowie Publikationen zur Wiener Hofburg und Alltagskultur des Wiener Hofes.

STYRIA
BUCHVERLAGE

Wien – Graz – Klagenfurt

ISBN 978-3-85431-564-3

Bücher aus der Verlagsgruppe Styria gibt es
in jeder Buchhandlung und im Online-Shop
www.styriabooks.at

Buch- und Umschlaggestaltung: Bruno Wegscheider
Produktion: Franz Hanns
Reproduktion und Bildbearbeitung: Pixelstorm, Wien

Druck und Bindung: Florjancic, Maribor
Printed in the EU
10